教师职业素养与发展规划

教师的人文素养

何海翔 章亮◎著

JIAOSHIDE
RENWENSUYANG

吉林文史出版社

图书在版编目（CIP）数据

教师的人文素养 / 何海翔，章亮著.
——长春：吉林文史出版社，2012．12（2021.6重印）
（教师职业素养与发展规划）
ISBN 978－7－5472－1325－4

Ⅰ．①教… Ⅱ．①何… ②章… Ⅲ．①中小学－教师
－修养 Ⅳ．①G635.16

中国版本图书馆 CIP 数据核字（2012）第 291725 号

教师职业素养与发展规划

教师的人文素养

JIAOSHIDERENWENSUYANG

编著/何海翔　章亮
责任编辑/高冰若
封面设计/小徐书装
出版发行/吉林文史出版社
地址/长春市福祉大路5788号
邮编/130118
网址/www. jlws. com. cn
印刷/三河市燕春印务有限公司
开本/710mm×1000mm　1/16
印张/14　字数/158千字
版次/2012 年 12 月第 1 版　2021 年 6 月第 3 次印刷
书号/ISBN 978－7－5472－1325－4
定价/39.80 元

前　言

当今国内物质文明曲张而精神文明畸变的情况下，人们越来越意识到提高人文精神与人文思想的现实紧迫性，然而文化主导者无意也无力解决目前的文化困境，因此只能够希望另辟蹊径"礼失而求诸野"。甚之，世界竞争的实质是以经济和科技为基础的综合国力的较量，要发展一个国家的综合国力就需要人的培养；要培养数以万计的现代化事业的建设者需要大力发展教育的基础性作用；教育的发展系于教育政策的完善、教师的敬业和学生的努力。本书的写作旨在为此提供一点草根的建议与努力，从教师人文素养这一最基础的角度入手，寻找解决的办法，为时代与社会激浊扬清作一些小小的贡献。

为了方便大家有效地使用本书，较为容易的找到自己感兴趣的内容，同时也为了方便著者写作，我们将按如下结构设计此书。在《绪论》部分提出提升教师人文素养的积极意义，以及当下教师人文素养的大致现状；在第一章内容中您将看到教师人文素养的基本内涵与相关的研究综述，也适当提及教师人文素养发展的未来可能；在第二章您将从哲学历史和哲学系统中明确教师人文素养发展的理论基础。在继后的第三、四、五、六章中您将看到在第一章定义基础之上，分别从教师人文知识、教师人文态度、教师人文精神和教师人文方法四个方面展开具体的论述，每一章的写作基本采用类似的模式，遵循理论与实际相结合的原则，辅以通俗易懂的教学案例、教学反思和教学设计，使大家通过阅读能够获得理论的支持，也获得可操作的建议；最后一章则希望大家通过理论与实际的双重思考，真正将教师人文素养落实在自己的行动中，提出了一些一般性地修炼方法。

本书在写作之初，就充分考虑到既要给关注人文素养的专业人士提供一定的参考，又要给希望获得理论支持的教师学到一些有用的东西，因此在理论与实践的左右权衡之下来撰写本书，必然要坚持理论与实践相结合的原则，也就是将教育教学规律与教学现场、案例和教学细节相结合。这一原则不仅贯彻在整本书的写作过程中，也体现在每一章节之中，我们追求在理论的讲解时辅以教学案例的说明，以期让大家能够更深入理解理论；也追求在案例采用中强化理论地勾勒，以强化理论的生活化、现场化。本书结构总体上看是一个有机的组成部分，但是其中的每一章又都是可以单独成为一个体系的。鉴于本书各章侧重点的不同，章与章之间肯定会有差异，特别是著者本身的学术操练也有不同，因此我们建议您可以这样进行阅读。如果您比较关注人文素养研究的进展或现状，希望有所启发的话，建议您依次看下去；又或者您对理论不甚感兴趣，只是希望在教学中寻找到能够把自己的素养体现出来的方法，那么不妨从第四章开始看起，然后再回头来看前面的章节。

本书中涉及的教学案例、教学反思与教学设计都来自于教学第一线，这些事例除部分引用于文献之外皆系著者亲身获得的一手资料。这些资料本身为本书结构的完整性提供了帮助，也将为各位进行教师人文素养的教学、研究和学习提供宝贵的资料帮助。

其实在国内早已经有人写过有关教师人文素养的文章与著作，但这些著作或多或少都存在着理论多于实际、缺乏与新课程理念的结合、教育专业问题不深入与引用教学事例过于陈旧等缺陷，本书如果要在别人肩膀上继续前行，就必须要扬弃已有教师人文素养的研究成果。其实，作为教师人文素养的研究必然要从教师自身的专业如心理学和教育学为基础，结合课程论的最新成果，坚持行动研究原则，才能为教师提供理论与实际、知识与方法相结合的可操作性的建议。本文在此方向指引下所作的尝试，也正是本书写作的基本要求和特色。本书为二人合著，由于学有专攻，书中不免左右交错之处，其中错误与缺陷，都将归于著者。同时，我们也恳请读者能够提出合理建议，共同为人文素养的推广尽其绵薄。

目录

/ 教师人文素养的修炼

/ 后 记

/ 绪论 教师需要人文素养

在现在这个时代里，教师的角色正在发生着转变，从古之所谓"传道受业解惑"者向学生学习的引导者、课程的开发者、教学的研究者等多方面角色转化。随着新一轮课程改革的层层推进，这种转变已经越来越深入。可是，正如人们已经指出的那样，新课程能不能改革成功，其关键是看教师愿不愿意且能不能够参与到改革中去并加以实践。

现实的悖论是：课程理论的研究者们积极倡导的，并不能成为课程实施者和参与者的行动；而课程实施者和参与者的现实诉求，也并没有真正反映在课程专家们的视域里。恰如教师自己所认为的那样，特别是中学教师所体会到的那样：徘徊在应试教育与素质教育的边缘，就像是在鸡蛋上跳舞。这样的埋怨其实在教育工作者看来是一个不争的事实，但是透过这一事实分析背后的实质去寻找"为什么人们对应试教育是如此的趋之若鹜"的答案将是一个更加严肃的问题。作为课程开发者、学生学习的引导者的教师角色改变命题的提出，是不是真的改变了教师的处境，或者是一种新的魔咒？其实严格来说，古人对教师的定位至今仍然发挥着其熠熠的精神之光。只不过，在现在这个时代，我们应该更加深入思考的是究竟传什么道、受什么业、解什么惑？对这些问题的科学回答，难道不是教育工作者所应承担的内在职责吗？

看看以下两则故事，通过比较你能发现一些什么？

一

一个中国小学一年级的学生从学校回来，低垂着头，脸上写着沮丧的神情。当他走进家门的时候，妈妈正好从厨房出来看到孩子就问："你这是怎么了？脸像个苦瓜似的，是不是和谁打架了？"孩子没有回答，把书包放到客厅的茶几上，准备打开电视来看。这时妈妈走过去，拽住孩子的耳朵就问："是不是被人家打了？我给老师打电话，我倒要看看哪个小王八敢打你。"说着就去打电话。孩子连忙阻止道："不是打架，我把学校投影仪打坏了，我想看看那里面的字为什么会变大的。老师批评我，说是要赔钱。"孩子的头低得更厉害了。这时，妈妈仿佛找到最终的结果，"你说你不好好读书，去搞什么投影仪。以后给我好好的记住，不要去管那些跟你无关的东西，否则看我不打你。"

二

一个七八岁的小孩在自家洁白的墙上用小刀画了一些乱七八糟的图案，保姆看到后不敢跟她的外国主人去说，于是用砂纸不停地擦啊擦，这个时候刚好主人回来了。她忙不停地向他们解释，自己怎么照顾不周，让小孩在墙上乱涂乱画，还保证下次绝对不会让孩子再这样胡来的。这时，主人却用漫不经心地态度说："NO！如果他下次再这样，你就随他去吧！"保姆此时非常的疑惑，我究竟做错什么了，有这么严重。主人看着她说："墙壁如果坏了，是可以修好的；要是小孩子的好奇心坏了，是修不好的。"保姆好像明白了一些什么。

这个时候，你也许会想，这不是在说明我国教育制度的不完善吗？

没错，你如果看到这一点，那是远远不够的。如果你用历史的眼光去看的话，你会发现中国的教育制度历来就是如此的，为什么现在人们会有如此多的责骂声？同样，美国人的教育战略报告中也在思考为什么美国孩子的基础知识如此不扎实。上世纪初尤其是在苏联人成功发射卫星之后，在美国的教育领域里也掀起过强化基础教育的活动，他们试图通过反思教育来寻找美国与苏联在人才培养方面的差距，而当时苏联的教育政策不就是中国现在正在实施的应试教育吗？一个或许是最早来源于杨振宁原话的观点：中国的基础教育还是很可以的。其实这个观点也是得到外国人认可的。中外教育，何者为优，何者为劣，一时也不分伯仲，也许只有历史才能给予答案。然而，站在当下的教育体制之下，根据目前的教师素质而言，要实现教育的振兴，回应当今世界以经济和科技为基础的综合国力竞争的时代大潮，作为教师的我们是否应该为祖国的教育事业做些什么呢？

整个世界的教育形势是，人文学科正在边缘化，但社会对人文精神和素质的要求却越来越迫切。"小悦悦"被车撞后的悲剧，显示的是世态炎凉；温州铁路事故暴露的是狂热的人们对经济发展的膜拜和精神需求的淡忘；当人们已经熟稔公民权利的时候，还有一些无良的官员叫嚣着他自己的政治理论，只要随便看看媒体曝光的"官员'经典'语录"就能搜罗出一大筐"惊世鸿论"……这个时候，社会主流的判断（作为教师当然知道这些流言的源头）就会在那里煽风点火的认为，社会的精神残缺根本上是由于教育制度的问题。当所有的矛头——理性或者不理性的——都指向教育的时候，作为其中的一分子，我们再也不能袖手旁观了。承担所有的责任固然是不可能也不现实的，但至少应该为此做点努力。人文素质与道德的滑坡，信仰的丢失已如江河日下，狂澜难挽，需要整个社会共同努力。

与之相反的是科学主义的不断泛滥，越来越多的人们确信科学能够解决一切发生于人类身边的问题。然而如果不能对科学主义的局限保持警惕，那么无疑人们看到的将不会是福祉而是灾难；看到的不会是前进而是倒退；看到的不会是和谐而是秩序的混乱。人们在实验室里寻找各种能够治疗人类疾病的药物，不经意间却正在生产着自然界原本并不存在的新病毒，最后连自己都无法控制。艾滋病毒与超级细菌的梦魇似乎并没有激起人们的重视；日本福岛核电站核能利用不善造成的核泄漏也引起整个世界的阶段性恐慌。科学主义的幽灵飘到工业领域，则造成资源的极大浪费，急速生产出来的工业产品在没有充分利用的情况下就已经被淘汰了；同为自然生灵的人类并没有平等地享有使用和消费这些产品的权利，尊严就已经在丰盛的商品面前被遗忘了，就像大城市的人们正在为3G网速慢而烦恼的时候，那些同处阳光之下的人们却连最基本的2G都没有享受到，难道这就是科学主义希望给他们的恩惠吗？更不要说情感的提升、精神家园的复归与自由心境的保持了。尽管如此之多的有知之士正在思考着这个问题，比如当代西方很多哲学家都将摆脱科学主义倡导理性与人文作为自己终身的事业，但终究未能根本上扭转利益至上的局面。

除了思想者的行业，人类社会的每一个领域都充斥着物质与利益的迷香。理论的东西如果不能成为现实，终归是苍白的；只有与实践结合的理论才是充实的。承担着将艰深的道理传授给普通人民职责的教师一直以来被认为是人类灵魂的工程师，是社会道德和精神的最后底线，是沟通思想者与平庸者的桥梁，如果连我们都已经混迹于"走兽"般的生活，那么谁将传承最后的"人道"。无怪乎杨叔子院士慨叹：当代所谓知识经济时代"精于科学，荒于人学"、"精于电脑，荒于人脑"、"精于网情，荒于人情"、"精于商品，荒于人品"、"精于权力，荒于道力"。这正是作为传道者的我们应该面对的现实，宏观的人文缺失并不能构成教师人文素养淡泊的理由。从教师自身的发展角度来说，培养教师的人文素养是题中应有之义，因为教师的人文素养不仅直接影响着教师的成长，也影响着教学质量的提高，影响着学生未来乃至国家未来的建设。对于从事教育教学活动的教师来说，具备必要的文化底蕴、丰富的哲学思想，对教育教学的积极意义是显而易见的。教育专家刘良华介绍，有下列特征的教师最受人欢迎：

像父亲一样严而有度的老师，强调纪律与惩罚也是教育的必备条件；

像母亲一样慈爱的老师；

实习老师，他们往往不受教育制度影响而敢于创新，能给学生带去自由、平等的气息；

有宽容精神的老师，这些老师能够宽容学生的错误而不只是指责和抱怨；

帅哥老师，在第一条基础之上更有激情与欢乐等精神品格；

美女老师，在第二条基础之上更有美感和想象力的介入；

风趣幽默的老师，将更有利于在幸福中学习；

有爱心的老师；

以身作则、说到做到的老师；

有真才实学的老师，他们以其独立思想与自由人格来赢得学生的尊重。

以上这十个特点在刘先生看来可以归纳为"有专业素养"和"有积极心态"这两种最关键的因素。其实在我们看来，这些都属于人文素养的内在范畴。换句话说，具备人文素养的教师将更容易对学生产生亲和力，也更容易为学生所认可。所以，了解人文素养的相关知识，积极行动并内化到自己的生活与学习中，将会产生积极的意义。

培养教师的人文素养有利于教师的专业成长 /

随着新课程的推进，人们开始日益重视教师的专业成长，因为只有教师的专业成长，才能更有利于推进课程改革，从而根本上推动中国教育事业的发展。教师人文素养的形成、发现与发展主要表现在对教师自我认同、能力践行、教学的调控与创新、师德的提升以及人文精神的最终绽放等几个不同层面的影响。

教师专业成长的基础是教师对自己专业的认同感。专业认同感反映出一个人对专业的参与热情，试想一个整天想着脱离教师岗位的人，怎么可能对这一神圣的职业产生强烈的认同感呢? 而没有认同感的人是难以理解自己的专业、理解自己的专业成长的，所以要形成教师完善的职业人格，就需要不断地对自我进行反思。教育界流行一种观点：经验+反思=成长。自我反思不仅是专业成长的必要条件，也是人文素养的内在要素和发展起点。

自我认同是教师人文素养带来的主观方面的影响，这种影响必然会对实践产生不同程度的作用。这种作用突出地表现在对教师教学能力的实施和教师教学行为的调控与创新活动中。教育工作最大的特点是处理人与人之间关系的实践活动，它发生在具有不同品性的学生参与的真实的情境之中。从教学细节的角度来说，任何时候都有可能产生令教师措手不及的教学现象与问题，教师可以用在师范学校所学到的一切办法来应付。如果仅止于此的话，那么教学问题将会变得相当复杂与棘手。教师必须在应用这些共性的理论基础上采用一些具有个性的方法，而这些方法只有在突发事件、特殊情境和意外情况中才得以形成乃至系统化。这其中所体现出的创新意识既来自教师自身的天赋，也来自于后天的培养。作为处理人与人之间关系的教育活动，具有一定的艺术性，蕴含丰富的人文性，需要在教师人文素养之下加以观照。换句话说，教师人文素养是教师创造性地调控教学行为，处理教学事件的重要思维保证和内在条件。从教学流程的角度来说，教师的教学能力既体现在教学细节的处理过程中，即体现在课堂之中，也体现在教学活动之外的各项事务中，比如作业的批改、私下的沟通、研究性学习和综合实践活动等。因为教师人文素养无时无刻不体现于教师所做的事务之中，甚至连课余的交流也带着人文气息。教师作为主流价值观的传承者，在其教育教学活动中必然会动用其所掌握的知识来对学生造成影响。想象一下，当你看到一个小孩做错事情的时候，我们采取过什么方式，又或者心里有什么想法。从以上两方面来看，教师具备必要的人文素养的确会影响到教师的教学能力提升与教学行为的调控以及创新。

教师完善的人格是一种巨大的教育力量，师德是教师人格塑造的重要基础和途径。教师人文素养对完善师德，形成理想的教师人格有着极为重要的意义。教师在自身的职业生涯中，除了用丰富的知识为学生授业解惑，还需要用理想的人格去潜移默化地影响学生。千里之行始于足下，九层之台起于垒土，教师要在平凡的教书育人活动中不断地规范自己的思想、语言和行为，才能感染学生从而实现自身的发展。教师的人文素养与师德是辩证统一的，一方面师德作为整体性的价值目标吸引和指导着教师人格的逐步完善，另一方面良好的人文素养会以其夺目的光彩，辉映着师德之河。"学高为师，身正为范"的理念贯穿在一个人身上，其影响是微弱的，但无数多个个体所绽放的力量将是无穷的，将会使师德体系不断发展，不断完善。

人文素养的核心是人文精神，这不仅指明了人文精神在人文素养中的地位，也指明了人文素养形成对人类自身的价值追求所起的积极意义。教育本身自始就具有深厚的人文气质，在其学科教育、教学方法和教学理念以及教学评价等诸多方面都渗透着人文的因子。每一位教师在其就读师范院校的时候就已经接收到了传播未来公民所必需的道德责任心与价值观，这一切与其说是给未来公民带去价值引导，不如说是给自己的精神提升来了一次系统性地建构。人文素养虽然有天赋的成分，但也受到后天教育的影响。天赋的人文素养会影响教师的成长，但是后天的培养会弥补、充实与增添教师的精神之光，尤其是在与学生的交流互动中，教学相长，教师自身会凝练内生出新的素养。虽然这种变化难以量化，但是会表现在教学活动之中，可以这样说，良好的人文素养，在教学实践中内隐于教师的人文知识，外显于教师的人文关怀和人文行动之中。教师的人文精神是教师职业生涯发展的一种境界，它起自于人文素养的自然状态的、自发的影响，终于人文素养的理性状态的、自觉的提炼。

培养教师的人文素养有利于教师的幸福生活 ╱

现实人们对自己的认同往往立足于自我的需要、利益和个性的发展，把他人和社会当作实现自己发展的障碍或者工具，教师界出现的类似家教赚钱、舞弊等不良现象也反映了这种倾向，这正是马克思当年提出人类发展的"以物的依赖性为基础的人的独立性，是第二大形态，在这种形态下，才形成普遍的社会物质交换，全面的关系，多方面的需求以及全面的能力的体系。"但是如果人类只停留在这样的阶段显然是不够的，社会还需要向前进。那就得进入"建立在个人全面发展和他们共同的社会生产能力将成为他们的社会财富的这一基础上的自由个性，是第三阶段。"[1] 在这个阶段里，从人文意义来讲，每个社会成员都能获得自由而全面的发展，个性得到张扬。按马斯洛的需求层次理论来说，当人的需求得到满足之后，需要向最高的阶段也就是尊重和自我实现的层次发展，也就是人最终要向精神的自由与解放迈进。教师执着于物质的追求，也许终其一生都感觉不到精神追求所带来的快乐与幸福，只有那些把教育当成事业来经营的教师才能尝到其中的快乐。

对幸福的追求和幸福感的提升本身是在一定人文态度之下做出的价值判断和价值选择。事实上，教师具备必要的人文素养无论对其理解教育事业、看待学生、处理教育事件还是诸如此类的学习、生活都将充满着人本气息，都将尊重人与发展人作为

7

---

[1] 马克思恩格斯全集 (第46卷) [M].北京:人民出版社.1979:104.

事业的立足点，从而给学生带去清新之气，并最终影响到社会风气的改善。

再次，培养教师的人文素养有利于助推学生的发展。帕斯卡说过："人是思想的苇草"。这就决定了人与其他生物的不同之处乃在于人有思想，而人之思想唯有蕴含人文精神的教育才能给予。所以，教育思想家雅斯贝尔斯说到"教育是人的灵魂的教育，而非理智知识和认识的堆积"。没有人文作为支撑的教育，就像没有灵魂的教育，埋葬在知识的海洋里，失去精神的领航，学生要形成独特的有个性的思维方式、行为方式是非常难的；其知识、技能和情感也会因此而走偏，正如人们早已警觉到的那样：没有正确价值观引导的知识会变成恶行的帮凶。教师具备良好的人文素养，在对学生进行教育的时候，往往比一般人更关注学生的全面发展、终身发展。孔子曰："己欲立而立人，己欲达而达人"。在教师对人文知识的旁征博引和人文态度地潜移默化中，有助于增强学生的精神力量，丰富学生的精神世界，促进学生的全面发展。

培育教师的人文素养，并促使学生相关素养的形成，这就是教育的本来意义。提倡博雅教育的先驱、英国教育家阿诺德(Matthew Arnold, 1822—1888)认为诗歌、艺术等 (充满着人文精神的文化形式) 既能启示行为的高尚目的，又能雄辩地鼓舞，将这种目的付诸实践所必需的情境。"如果我们知道世上人们曾到过、说过的最优秀的东西，我们就会发现，那些也许是生活在很久以前、自然知识还十分有限、对很多重要事件都持有错误看法的人们的艺术、诗歌和辩才，就会发现这种艺术、诗歌和辩才事实上不仅使我们精神振奋、具备使我们高举的力量，而且它们还有一种力量——本质上这是他们的作者对生活的批判的力量和价值——它们有着使我们坚强、使我们升华、鼓舞我们、富于启示的力量，这种力量能够惊人地帮助我们，将现代科学的成果与我们的行为的需要、与我们对美的需要联系起来。"[1]

正如我们在前面所引刘良华教授提到的优秀教师的十大品质，其实更多地基于教师的人文气质和人文精神，因为具备较高人文素养的教师往往更有爱心，懂得信

---

[1] [英]乔伊·帕尔默.教育究竟是什么? [M].北京:北京大学出版社,2008:163.

任、宽容学生，并给予学生改正错误的机会。具备较高人文素养的教师不仅仅立足于学生现实的发展，更关注学生未来的可持续发展，他的教育也更关注学生的能力和方法、情感、态度和价值观的发展，为学生的终身发展构筑坚实的基础。

培养教师的人文素养还有利于学校管理工作 ╱

教师内在的人文素养对教师的自我管理、课堂管理和校园文化的发展有积极的意义。一般学校往往通过必要的分配机制、激励机制和评价机制等来调动教师的积极性和创造性，事实上处于一线教育岗位的人们非常清楚这些不过是影响教师自我管理和发展的外部因素，真正要激发教师参与热情，增强自我认同的办法还应该从内因上想办法。从这个意义来说，教师的人文素养较之前者具有更强的稳定性和持久性，这也是促进教师永葆奋斗热情的发动机。教师在人文素养的指引之下，才会"迁善惧其不及，改过恶其有余"，才会任劳任怨地自我修炼、承担教书育人的责任，将人文的内在意蕴感染给所有的学生和其他同事。

人文素养同样在课堂管理中起着积极的作用，研究发现：民主的课堂比专制的课堂具有更高的学习效率。具备较高人文素养的教师在课堂中也许会表现出很多的关怀，更大的诚意，从而激起学生更多的参与，更积极的努力。他们不仅在对待自己的学生时怀着莫大的爱，在对待自己的同事也会因此而怀有更多的体谅，从而营造起学校的民主氛围与和谐气象。

/ 教师人文素养概述

教师人文素养，从其进入人们的思维视域以来就一直备受关注，尤其是对人文素养概念的理解更是新见迭起。要了解教师人文素养当然不能撇开人文素养研究的这一进展，只有在抓住此普遍性指导之下，根据教师这一群体的独特专业属性进行具体的思考，才能更科学地理解教师人文素养的内在规定性。

/ 教师人文素养的内涵 /

教师人文素养这一概念从逻辑上来说是比较低的属概念，它属于人文素养的研究范畴，也属于素养的范畴。因此，理解教师人文素养这一内涵需要从"素养"这个基本概念开始抽丝剥茧层层深入。

素养是什么？ /

"素养"有"素"和"养"两字构成，中国古代《说文解字》释"素"为"生帛为素"，又说"以质未有文也曰素"。"质"与"文"的意思可参考《论语·雍也》章："质胜文则野，文胜质则史。文质彬彬，然后君子。"现在往往解释为"质朴"和"文采"的意思，分别指本来的内容与后天的文饰，所以"素"在后世又延伸出"本来"的意思。《说文解字》释"养"为"供养"，又说"以食物饲养之意"，将此延伸到社会领域具有"立身"之意。这样，"素"与"养"两个字合在一起，即指"本来具有的未经后天文饰的内在的立身之质"。这里的"文饰"为贬义，大约相当于"为取悦于人的装饰，为了某种目的而进行的训练"；"内在的立身之质"指的是使一个人得以适应社会的纯朴本质且这种本质是内在于人的，不需要附着任何特殊利益目的而进行的学习。从字源上如此来理解，应当说较符合现在人们对"素养"一词的理解。这是从"素养"作为名词角度来理解的，据《辞海》"素养"尚有作为动词"修习涵养"的意思。

"素养"一词，最容易与"素质"一词相混淆，有些时候两者的意义是相通的，这个时候往往也可以指"修养"，比如可以讲思想素质，也可以说思想素养；但是有的时候又是不可替代的，比如身体素质就不可以用素养来指代。其实，"素质"概念比"素养"来得复杂，因此本书用"素养"来命名，是有所考虑的。

经过以上分析，可以定义"素养"为：本来具有的不需后天的基于某种目的的训练或学习的内在纯朴的立身之本质。

从上分析不难发现，"素养"所具备的特点：先天内在性、相对稳定性、整体性和非功利性的特点。换句话说，素养是指一种与后天培养相对应的先验性的本质属性，这种属性对人的言行具有相对稳定的导向作用，它本身拒斥任何功利性目的的修正（指的是通过学习或者训练使之产生某种修养），但它本身并不排斥积极意义的学习。对一个人来说，原来的善恶是一种内质的涵养，这种涵养可能会影响人的一辈子，正如俗语所说那样，"三岁看八十"；譬如礼仪教育、德性教育等这些有利于提高个人内在涵养的学习对于缺乏礼仪和德性的人来说，是可以帮助他们形成新的积极的修养的；可是如果在某种特殊目的之下的学习，或者为了某一次的展现自我（应聘或者面试等），或者为了欺骗他人所进行的暂时性的学习，并不能构成人的修养，自然也就不叫人的素养。这就是素养的内在纯洁性，正是这种素养构成了一个人引起他人注意的重要条件，这种素养不是通过自己有意识地展示给他人的，而是人们通过你无意识的举动就能感觉得到的。

作为教师，我们在从教的过程中，可能发现过这样的教师：只要他一站上讲台，或者微言轻启，又或者什么都不用说，学生就会肃然起敬。这种敬意不是怕，而是学生对教师的服膺。撇开来自于理论的力量，仔细思考这种服膺，究竟来自于什么，也许能够使我们更深刻地理解素养的内涵。

怎样理解人文素养? /

人文素养的概念是非常复杂的，在国内的学术期刊中大约可以看到十多种之多，造成这种现象的原因根源于"人文"一词的多义性。在中西方不同的视野之下，对"人文"的理解是有区别的。

"人文"在中国文化中的理解

在中国古代，"人文"一词恐出于《周易》贲卦象辞："□□□□，天文也。文明以止，人文也。观乎天文，以察时变。观乎人文，以化成天下。"王弼注："刚柔交错而成文焉，天之文化。"其意"天文"乃天道运行之迹。后孔颖达对"文明以止，人文也"解释为"文明，离也，以止艮也。用此文明之道裁止于人，是人之文、德之教也。"他的解释是说，人文是与天道相分离，但又是对天道的反映。"止于文"的现代文意思是：人应该接受文明礼仪的规范。因此可以知道中国古代"人文"一词与西方的理解是不一样的。可以这样说，中国古代对"人文"的理解更重于"文"，而西方人更重于"人"。

中国对"人文"一词的理解与西方"人文"意思相左，却并不表明中国古代不关注人的问题。现代许多研究中国古代思想的学者们已经发现了大量的人本思想的文献资料，不过严格来说，与西方"人文"修养有相通之处的出典，最契合的莫过于儒家经典《大学》中的话：

> "大学之道，在明明德，在新民，在止于至善。……古之欲明明德于天下者，先治其国；欲治其国者，先齐其家；欲齐其家者，先修其身；欲修其身者，先正其心；欲正其心者，先诚其意；欲诚其意者，先致其知；致知在格物。
>
> 物格而后知至，知至而后意诚，意诚而后心正，心正而后身修，身修而后家齐，家齐而后国治，国治而后天下平。"

《大学》所谓"格物——致知——诚意——正心——修身——齐家——治国——平天下"八环节的意思，几乎对每个中国人来说都是通晓的，又或者深深地烙印在他们的心里：生活中经常听到这样的话"把自己的问题搞好，才有资格说人家"；"老师要教育学生，首先自己要身正"。这八个环节其实是经朱熹增删的，强调了"格物致知"，而后人王阳明以及李贽等思想家都予以反对，这也是符合道理的。也就是说，从内在修养开始修炼自己，能够外化而成天下事，这就是中国古人对"人文"理解所做的贡献。实际上，"修身养性"一直都没有离开过中国人的精神世界中。

"人文"在西方文化中的理解

中国在宋明时期开始较多的思考人自身的问题，之前思考的更多是自然的问题，对人的思考是零散的、不系统的，与中国古代对人文的理解有着相同的历史境遇，西方大致上也经历了一个从知之甚少到知之甚多的过程；自文艺复兴时期开始较为系统地认识人类自身，而之前对人与人性的理解是不全面的。古希腊智者学派普罗泰戈拉就提出过"人是万物的尺度，是存在的事物存在的尺度，也是不存在的事物不存在的尺度。"同一时期还有一位哲人也表达了类似的意思，不过用的是隐喻的方式："最美丽的猴子与人类比起来也是丑陋的。最智慧的人和神比起来，无论在智慧、美丽和其他方面，都像一只猴子。"

古希腊著名的思想家柏拉图和亚里士多德师徒二人对此问题的思考是比较深刻的。总体来说，他们围绕着德性、美德与知识等中心概念来思考人生，在先师苏格拉底"未经审察的人生是没有价值"的理念指引下探索人生的奥秘。

文艺复兴不但复兴了对人的意义的思考，通过反对神性突出人的地位，而且将人的理性置于思考的中心。由此发展出的人文主义以"人性"反对"神性"，用"人权"反对"神权"，提倡尊重人和发展人的思想；主张个性解放与平等自由，倡导科学文化知识，追求现世的幸福与快乐。不久之后，在欧洲开始形成"人文学科"这一门学科，自此西方走上了系统化研究人文的道路，从此以后对"人文"的理解就顺利得多了。他们不再局限于文艺复兴时期个人反思的层面，也就是不仅仅强调个性的解放和自由，还开始关注整个社会的自由与平等。经过两次世界大战之后，他们又对人类中心主义进行了反省，提倡重新评估人的价值与意义，使得"人文"研究更加科学化、合理化，这一转变可以从斯宾格勒《西方的没落》一书中一探究竟。

"人文"的普适性理解

在西方人文学科发展和建设的过程中，综合各种对人文学科的认识观点，可以发现中西方对"人文"有一种普遍共同性的认识。近代最早的哲学家狄尔泰将人文科学定义为精神科学以相对于研究自然世界的自然科学；后来李凯尔特和文德尔班则共同认为文化科学（其实是人文科学的另一种说法）是探讨与"价值"有关的学问，以区别于自然科学不关心"价值"的特点；以至最近的卡西尔认为自然科学是探求普遍性规律的学问，而人文学科不在于研究共性，只关心事实与现象的个别性，在于把握"人的本质"。当然其他众多的研究也发现了人文科学与自然科学相比，还往往采取不同的研究方法，研究不同的问题，思考不同的深度等。

从中可以隐约知道人文学科的基本特点，也就知晓了"人文"的特殊内涵：

突出人的本质

法国思想家帕斯卡尔曾说："人是能思想的苇草"，突出了人的生命本质在于人的思想属性，这也规定了人的文化意义，而文化作为人类特有的现象只有放到人的社会性层面才能理解。因此，马克思在《关于费尔巴哈的提纲》中严肃地指出"人的本质并不是单个人所固有的抽象物，在其现实性上，它是一切社会关系的总和。"从这个意义上，只有从哲学、文化学和历史的角度才能认识人自己，自然科学即使是最精确的学科也只不过证明人的聪明，而不能表明人的智慧；只能证明人的高明，并不能把人从自然界中分离出来，这充分说明了"人文"的特殊性。

关注人的价值

陈子昂在《登幽州台歌》中写道："前不见古人，后不见来者。念天地之悠悠，独怆然而涕下。"中国历来就有睹物思情的文学作品，这只是其中一首而已。当人们在思索浩渺宇宙的时候，总能喟叹自我的渺小与短暂，面对此时此境此情，不免变换着自己的人生价值观。历史发展规律告诉我们：当人们从树居野生走进举头看天的时候，就表明人类已经有了类似的自我意识。可是研究头顶的天空、探索脚底的土地、神游浩瀚的大海不过让人们知道了人与自然的关系，并不能产生爱情、崇高、优美与善良。《左传》中的"太上有立德，其次有立功，其次有立言，虽久不废，此之谓三不朽"与张载的"为天地立心，为生命立命，为往圣继绝学，为万世开太平"都从不同的角度表明了人活于世的意义。人应该这样或者不应该这样，人值不值得这样做这一类问题只有"人文"才能解决，自然科学不能解决。即使它可能为人文学科的发展提供许多积极的思想资源，但并不能对人的价值选择和价值判断产生直接的意义。

立足精神家园，克服异化

海德格尔的研究被人们总结出一句非常有名的话："人，诗意的栖居。"我国古代"竹林七贤"与西方犬儒主义者经历过如犬豕一样的生活，并不表明他们是如何的愚蠢，其实是他们在对物质世界充分认识的基础上，在精神上作出的一种勇敢的选择，他们不想淹没在现实的物欲之中，只求心灵的安逸与超脱，只有这样才是他们真正的家、内心的家。也正是这样，才克服了如马克思所说的"异化"。虽然他是在对资本主义的批判角度来说的，但是在物质与精神的博弈中，坚守者之藐藐异时同调。在当今越来越功利的时代里更是如此，连最神圣的思想之都——学校也已经被攻克，谁才能为人类的精神家园苦心营建。"人文"对于精神家园的寻觅与克服异化的过程正如诗人荷尔德林的那一句"人充满劳绩，但还/诗意的安居于这块大地之上。"

人文素养的定义

从CNKI知识元数据库以"人文素养"一词加以检索共得十三种不同的解释，但总是各呈己见，或者游离于概念之本质，或者只落实在概念的类型意义上，未尽其意。稍微能够及意的观点出自崔益祥和周义萍："所谓人文素养，是指人类为争取自身的生存、发展和自由，以真、善、美的价值理想为核心，不断追求自身解放的一种自觉的文化素养。与强调知识和科学本身价值的理性精神不同的是，人文素养强调追求、运用知识时的良知、责任感和价值观。"[1]这个观点突出了人文素养的价值属性和人文关怀是值得肯定的，但是对其本质的规定性，未能从心理学或者文化学范畴进一步阐述。陈雪茜认为"人文素养是指知识、能力、观念、情感和意志等多种因素综合而成的一个人的内在品质，表现为'人之所以为人'的人格、气质和修养。"[2]此观点突出人文素养的内在属性，并且从心理学上加以考量，有其合理性，但是脱离社会范畴来理解人文素养恐怕南辕北辙了。

我们在考察"素养"和"人文"两个概念的基础上，适当借鉴当代对人文素养研究的积极成分，大致上把人文素养规定为：人本来具有的不需后天的基于某种目的的训练或学习的，对人的本质和价值进行反思并追寻人的精神家园的内在心理品质。这里有两个地方值得注意：一是"本来具有的"不是天生的"本来"，而是在别人眼里呈现的"本来"。通俗地说，一位老师在被我们看到的时候，觉得他很有人文素养；又或

[1] 崔益祥，周义萍.学生人文素养的形成与学校柔性管理[J].教育探索，2005(8).

[2] 陈雪茜.关注人文："新课标"给语文教学的新指向[J].无锡教育学院学报，2005(2).

者我们通过某种途径获悉该教师具有人文素养……这就可以说这位教师具有人文素养；另一个注意点是"不需要基于某种目的的训练或学习"，指的是自然形成的对人的本质和价值以及精神家园的反思。一位教师在他的课堂中总是怀着一种对自然、社会、人生或历史的敬畏之心；又或者对一切事物采取了积极的态度，怀着真挚的感情和宽容的心态。

具有这样品质的人自然称得上是具备良好人文素养的人，但人们所具有的这种修养和品质显然是不尽相同的。对于具备这种内在心理品质的人，我们基本认同他应当"有高度的人文精神境界，有深度的人文心理体验，有大度的人文情感包容和有宽度的人文关怀操行。"[1]

精彩的一课

当时在上高中哲学《人的认识从何而来》一课内容时，涉及到其中的知识重点"实践是认识的基础"。其中有如下的教学细节，充分展现出教师的人文素养。

教师：实践是认识的来源，实践是检验认识真理性的唯一标准，实践是认识发展的动力，实践是认识的目的和归宿。今天我想到一个问题：我们祖国的中医药知识是如何来的？你想象一下，这几味药可以治疗一种病，变换其中一味药又可以治其他病，我们祖先可能一开始就知道么？如果不是的话，又是怎么知道的呢？

学生：只能通过实践获得。

教师：通过这种方式来获得中医药知识的过程容易吗？你们可能都吃过中药，那味道是相当苦的，而且药可不是一般食物……

教师：据了解，《中华大药典》里记载了20多万种方剂，其他各种药典，包括民间偏方更是不计其数。我们的祖先要化多久才能实践出来呢？

学生：……

教师：一代人、几代人的努力（教师的语调停顿）够么？

学生：不够。

教师：可是有些人自以为学习了一些西医知识，竟然提出要废除中医、废除中药。你们

[1] 石亚军.人文素质论[M].北京：中国人民大学出版社，2008：43.

怎么想?

学生七嘴八舌开了,有人甚至义愤填膺了。

教师总结:实践是认识真理性的唯一标准。一种医学有没有效果不是像西医那样说的是不是符合某种理论,而是要看疗效。中医在实践中有问题,还需要后人去不断地实践、去推动、去弘扬的,而不是废除。这是一种不愿面对现实的逃避主义。

点评:这个教学片断中,虽然教师超出教材和课程标准在进行知识讲解,但是由于他充分体现出人文素养的内涵和精神,容易使学生产生精神上的共鸣,且更深刻地理解课文知识,有利于提升学生的情感体验和价值观,因而是值得肯定的教学尝试。

怎样理解教师人文素养的内涵及其特点 /

自古以来,中国对教师人文素养怀有某种特殊的关注,这也从一个侧面说明了人文素养对教师的积极意义。孔子的那些名言,自不待言,如"学而不厌,诲人不倦"、"其身正,不令而行;其身不正,虽令不从"及"三人行,必有我师焉"等;到荀子所说的"师术有四,而博习不与焉。尊严而惮,可以为师;耆艾而信,可以为师;诵说而不陵不犯,可以为师;知微而论,可以为师。(荀子·致士)"意思是成为教师必须有尊严使人敬服,有丰富的阅历和崇高的信仰使人信服,有丰富的教学经验能够根据教材的内在逻辑,循序渐进进行教学且有条理不凌乱,有钻研和精通教材的能力并据此阐发微言大义,而不仅仅是知识的理解。荀子是从一开始就意识到人文素养意义的早期思想家。西汉韩婴曾说:"智如泉源,行可以为表仪者,人师也;智可以砥砺,行可以为辅弼者,人友也。"

西方的思想家有关于此的论说则更为丰富了,单是苏格拉底、柏拉图与亚里士多德三人之间的故事就已经足够体现了,他们强调美德对于人尤其是教师的积极意义;之后,罗马时期的昆体良也关注过教师的素质,认为愚蠢的人不能为师;到近代教育的开端,夸美纽斯更是把教师的人文精神与教学情操联系在一起了,只有"这种教学能导致真实的知识、文雅的道德和最深厚的虔信"。西方关注人文素养问题历史较为悠久,内容也较为丰富,我们将在下文细述。

从概念上来说，教师人文素养指的是教师通过自我感悟、修炼而达成的对其他人看来是本来具有的不需后天的基于某种目的的训练或学习的，对人的本质和价值进行反思并追寻人的精神家园的内在心理品质。借鉴科学素养的内涵将它分为科学态度、科学知识和科学精神，适当借鉴心理学的结构，将人文素养的内涵分为人文态度、人文知识、人文精神与人文方法。从教师人文素养定义的复杂性上可以知道，它具有如下特点：

先验性

人文素养（本来具有的不需后天的基于某种目的的训练或学习的）并不是说这种心理品质是先天具有的，它仍然是后天的。只不过在这里"后天"的意思是说教师在学习了某种人文知识之后给人呈现的那种特有的品质，显而易见，这种品质不是先天具有的，也不可能不需要学习就已经具备的，只是在认识主体的观照之下得到了某种显示，当然这种显示给予认识主体一种好像他原本就具有这样的能力的感觉。这就是人文素养的先验性，与其他任何事物可能的先验性是一样的，比如一个学生对坐标系的理解在老师看来是先验的，但这不是天生就具有的，而是以前有老师教会他的，而在现在的老师看来那就是先天的一样。人文素养也具有这样的特点，只不过这种素养形成于教师不断的学习过程中，形成于教师不断地自我反省过程中而已。从这个层面来说，素养不同于知识，需要通过对一定的情境或者理论有着共同的感觉才能理解，素养需要人们更多的悟性，通过"悟"才能达到某种境界。

内生性

正如前面已经指出的那样，只有"悟"才能得到对人的本质和价值的理解，只有"悟"才能关注人的精神家园，以便于克服所谓的"异化"，人区别于人的最大特点就是人能够认识到自己是超脱于人的那一部分，而不是在实践中化身为某种机械性的、物质性甚至工具性的东西，进而失去人的社会属性。人文素养要求人们保持这种属性, 如果不能对人的真、善与美有所追求的话, 人何异于异化的工具。在这个过程中, 人们的"心"就要对认识对象进行筛选, 以便自己一直生活在自己的精神家园里或者其步伐不脱离神圣的伊甸园而不被污染。教师人文素养突出的表现就是不会被各种各样的理由所牵绊, 始终在自己守望的道路上前行, 教书育人。因此, 真正的人文素养不是学来的, 而是在实践中"悟"出来的。

相对稳定性

应该说人文素养的形成本身需要经历一个漫长的过程, 不可能一蹴而就, 当然一旦形成, 对人的人生态度与行为以及人生价值的选择和判断都会产生持久的影响。也许对一个人来说, 知识是容易受到周围事物的影响而发生变化的, 比如对动物要不要保护的观点, 一旦经历某件事之后就能发生变化。但如果对世界所持有态度就可能影响人的一辈子, 比如鲁迅就用一种恶的态度看世界, 一切都是值得反省的, 需要解救; 而其弟周作人却用善的眼光看世界, 觉得一切都是美好的, 无需改变。当然现实已经证明谁对谁错, 但终其一生, 兄弟俩的人文境界永远都没有变化, 这才是精神的魅力。

可塑性

由于人文素养具有相对稳定性, 这也就意味着在长时段里还是会发生变化的。比如鲁迅他向来不惮以最坏的恶意来揣摩中国人的, 但是当他面对当局残暴地屠杀手无寸铁的学生的时候, 他觉得这一切都变了。很多教师平常都抱着对学生要民主的态度来进行教学工作的, 可是当他成为班主任的时候, 他就会发现其实民主在某种程度不一定适合学生的教育, 至少要对民主进行不同程度的考量之后加以使用, 从事教育实际的教育者应当知道惩罚的必需性和不可替代性。这也正是教育价值的体现, 唯有教育实践才能潜移默化地影响一个人的修养; 也只有人在参与先进文化熏陶过程中, 才能自然地养成优秀的品质。

社会历史性

人是社会的人，他总是处于一定的社会历史环境中，同时也受到社会历史条件的制约。不仅教师人文素养的形成具有历史性，而且其发生、发展也受到社会历史条件的制约。教育具有选择、传递和创造的功能，能够将人类历史中凝结而成的优秀的文化传播给现时代的人们；与之相对的，人们将会在学习中建构并修改自己的人文知识、人文态度、人文精神，在实践中领悟到人文方法。在教师的职业生涯中，可以发现许多教师通过大学教育之后进入教学岗位，但不能完全胜任教学工作，那种在师范院校里形成的人文素养在与现实教学不断碰撞后，会改变教师朝着形成新的人文体验、人文情感的方向前进。

教师人文素养作为一种内在于人的心理品质，要能够在教育实践中产生积极的教学效果，影响到学生的人文素养的优化与提升，必须将思想的东西转化为直接现实的教育教学实践。与此同时，教师在改造客观世界的过程中通过对象反馈的信息来改变自己的人文素养，这种信息或者来自于对学生人文素养的引导过程，又或者来自于师生互动过程中的思想冲突。

教师人文素养的研究状况

将教师人文素养引入教师专业成长的培养体系中，这是教育教学规律发展的必然结果。目前对教师人文素养的研究还处于比较薄弱的境地，在以人文素养为核心的国内研究领域里，基本上停留在人文素养的外围进行研究，或者谈某一教师群体的人文素养，或者谈与科学素养的关系，但是深入到人文素养的内涵、演变等领域则几乎是缺位的。本节中我们在具体介绍人文素养研究的现状之后，根据人文精神形成发展的背景及其在人文素养中的核心地位，对其进行相关研究的状况进行说明。

对人文素养的理解目前在国内存在着多种不同的观点，基本上认为它是一种与科学素质相对的人的整体素质的其中一部分。这里也包含两种不同的看法，其一认为人文素养指的是人文知识、人文方法与人文精神的综合，其中人文知识与方法是人文素养的基础，人文精神则是核心。[1]其二则认为人文素养是指人思想、道德、心理、思维方式及价值观等精神性的文化，是人之为人的特质，是使一个人走向成功的非技术性的心理因素，还包括对人生的思考，价值的思考与人类命运的把握。这种观点认为人文素养包括知识、方法；情感、意志；思想、信念三个层次。[2]这两种观点的共同点在于将人文素养与科学素养对举，从而圆满了人的整个素质。当然从一定程度上，我们愿意接受前一种观点的合理部分，但是这两者观点显然把人的整体素质矮化了，单单将之归入精神层面来理解，而离开承载其精神内核的身心素质似乎有点夸大了；与此同时，这两种观点共同的错误也许是他们根本就没有从历史的维度去思考，从而也使得人文素养孤悬于天空中，其结果必将与泰坦神的命运相仿。可惜的是，对人文素养（质）内涵的此类定义难达共识。

当然，也有一些相关的研究表明了他们思考的深度与成熟性。有人认为人文素质主要是由人的先天的自然素质和后天形成的由知识、观念、情感、意志等多种素养综合而成的内在品质，表现为一个人的人格、气质和修养。[3]在20世纪90年代出的书中把人文素养与身心素质、科学素养及身心素质共同构成人的整体素质，这种观点随着时代的发展渐渐式微了，附和者也不再把政治素养作为人的必备素养，严格来说它基本上没有对人文素养加以定义，只是说明了其属性。其他观点在本章第一节已经略有引述，也表明了我们的立场。倒是在自然科学领域里，各方面专家对人文素养提出了一些建议：杨叔子"五精五荒"中意识到解决荒于人情、人品、人脑、人学、道力的关键与"五重五轻"中所说的轻人文、轻基础、轻实践、轻个性、轻素质的根本在于人文素质

[1] 沈湘平.人文素质与人的发展[J].北京师范大学学报（社科版），2003(1).

[2] 王玉华，刘向波.人文素质教育之我见[J].天津职业技术师范学院学报，2002(3).

[3] 冯石岗，贾建梅.加强人文素质教育迫在眉睫[J].河北大学学报（哲学社会科学版），1999(2).

教育的匮乏，突出人文教育的重要性。文辅相、顾明远、杨德广和王义遒也都从不同侧面表达了类似的看法。[1]

总之，对人文素养内涵的研究是比较丰富的，但是存在的几个误区也是值得注意的。首先，这些观点都没有从变化发展的角度去说明，即使是从先天、后天来论述的概念，也只是用一种分段式的眼光来看问题。越来越多的科学证据表明人的心理素质很大程度上得益于遗传，同样人文素养也是受到先天因素影响的内在心理品质，但这并不表明它是固定不变的。从某种程度上而言，人文素养的形成与后天的培养的关系更为密切，古人云"腹有诗书气自华"，说的就是文化对人的影响发生在特定的文化环境和文化活动中，受文化熏陶而发生变化最大的外在体现就在于思维方式、实践活动和认识活动；交往活动和交往方式。这一些皆属于人文素养的成分，因此理解人文素养的内涵就必须要用发展的眼光来看待，否则只会得出一些以偏概全的观点。其次，这些观点不能完全从对象化角度去理解人文素养。正如我们日常生活所见的，一个人的人文素养总是表现在其言行举止中，甚至于思维方式中，而不是如能力、意志等可能通过统计的方式加以测量的。纵然简单地将人文素养定义为心理品质或者精神特质，又或者气质、修养等都逃不过用科学的思维来定义人文素养。因此，借鉴黑格尔哲学中"对象化"这一概念，就是希望在给人文素养下定义的时候先验地表明一种立场，指明它一开始就是人展现于其他人对世界价值、人类普遍命运的关心等特质。再次，我们认为人文素养还是可以通过培养来实现提升的。这种论断相信能为大多数人所接受，因为相关的论文都指明了人文素质教育的可能，但也许是他们的论旨所在，就默认人文素养的可塑性。因此，也需要在定义中加以说明。最后，大家对人文素养的外延规定各有千秋。有说其包括人文精神、人文态度和人文知识的；有说其包括人文精神、人文知识和人文情感的；有说其包括知识与方法、情感与意志、思想与信仰的等

[1] 陈少徐，许巍.我国高等工程教育中的人文素质教育研究综述[J].广东工业大学学报（社会科学版），2007(6)增刊.

等。在这里，真的很难指出哪一种更加高明，只不过与人文学科自己的特色所展现的那样，在不同的人那里会有不同的反映。本书基本认可大家的观点，其实也是按照科学素养的分类而将其分为人文精神、人文态度和人文知识，只是后来看到人文方法在人文学科来说也是非常重要的，因此予以特别说明，就当是我们对此的一种主张吧。

因为我们拥有同一颗中国"芯"——"硅"的导课[1]

记得我在展示各种由硅及其化合物制成的材料图片后，给学生讲述有关"中国芯"的问题。我说："在美国硅谷，知识就是财富，1999年人均年薪就超过10万美元，一夜之间成为百万、千万富翁是很平常的事。"但就在这年，在硅谷创业成功的邓中翰应邀回国指挥"中国芯"的研发，彻底结束了"中国无芯"、每年巨资向国外购买芯片的历史。邓中翰先后当选为中国工程院最年轻的院士、中国科协副主席、CCTV中国经济年度人物，并获得"国家科技进步一等奖"。他有句话特别发人深思："我在硅谷的时候也做研发，也做芯片，但是感觉是完全不一样的。因为做出来任何结果都是别人的，回到祖国之后，我们所做的任何一个'中国芯'的知识产权都是属于我们国家的，每当想起把自己的青春和知识与国家的发展相结合，我就感觉到浑身有使不完的力。

其实对人文素养的研究，绕不开对人文精神的研究，无论是其作为人文素养核心的地位，还是其作为引领人们思考人文相关知识的历史先锋意义，甚至其作为区别于科学素养、身心素质等的标杆作用，人文精神始终是大家关注的重点。也许是人文素养的研究更多地发生在对人文精神的沉思之后，因此从人文素养的受关注程度上追根溯源，也能预料到人文精神研究的薄弱了。

相较于人文素养的研究来说，人文精神的研究无论如何都显得丰富了一些。20世纪90年代以来，无论是大型的人文精神的研究论坛还是报纸杂志的专题讨论，都从一个侧面展现了人们对这一问题的关注。当然，人文精神的每一个新的发现，都将意味着它有可能转化成人文素养的直接现实性，也正是在这一角度上需要考察人文精神

[1] 胡志刚. 李秀华. 教学最佳时机：一个有效教学原则[J]. 课程·教材·教法, 2012(2).

的研究状况。

人文精神主要围绕着人文精神的内涵、人文精神与中国传统文化之间的关系、人文精神在当代中国等几个问题来展开,在此仅对文章主旨相关的人文精神的内涵略作介绍。在人文精神的定义上,有人认为人文精神倡导终极追求、高扬人的价值、追求人自身的完善与理想的实现、谋求个性解放与理性;有人认为它是对人性的全面关怀、对人的精神文化价值的关怀,包括现实的关怀与终极关怀;也有认为是人关于人自身生存、生活的精神的关注;还有人认为人文精神是一种普遍的人类自我关怀,表现为对人的生命存在和人的尊严、价值与意义的理解和追求;人文精神还被认为是对人文学科所共有的精神价值追求。各种观点自成其言,时有新见,但是也正因概念如此之复杂,致使人们不能为此形成共识。

在此众多观点中,有一种观点值得一书。周迈在《浅谈人文精神的含义》中提出人文精神是以人为中心的价值追求,分三个层次来理解:一是强调与自然的对立,从人的经验出发来理解世界;二是强调每个人的价值在自身尊严和人格上的完善;三是强调理性,反对工具理性,追求如马克斯·韦伯所谓的价值理性。[1]之所以特别引用这一条概念,不是说我们支持这一观点,而是这一概念的影响力比较大,连历史教科书中也出现了类似的表述:"人文精神是一种人类的自我关怀,表现为对人的生命、尊严和价值的高度重视,对人类各种精神文化遗产的无比珍惜,对人格与道德的不懈追求。它关注的人的尘世生活,重视人的精神意义,是人的价值尺度在人的思想意识、思维习惯和心理活动中的历史积淀。"[2]它有几个特点:人文精神是人类普遍的价值追求;是一个变化发展的历史过程;是人类与个人共同追求的价值取向;表现为思想意识等。表面上两个观点看起来相似点较少,但在实际操作中历史教材开始偏向于前者。教科书对人文精神的历史形态考察发现,人文精神分为三个层面:在人与自然的对

[1] 周迈.浅谈人文精神的含义[J].首都经济贸易大学学报,2006(6).

[2] 朱汉国,马世力等.历史必修(第三册)[M].北京:人民出版社,2009.99.

立层面上，指出人文精神倡导科学探究以摆脱宗教、神话与经验推断；在人的内心反思层面上，指出人文精神是运用理性关注自我生命、人格、尊严和价值；在人与社会的层面上，追求契约论性质的平权、自由、民主。

人们对人文精神的理解，多少与人文素养的理解一样保持着相同的局限，只不过因为人文精神的热度使之呈现的问题也特别地严重。已经有人发现，即使人们对人文精神达成比较一致的共识（基本的焦点如尊严、自由、价值等的一致意见），但是大家还不能从同一话语平台上进行适当的交流。有的论者立足"人文精神"以批判时下的"物欲横流"，但西方人文主义者在谴责中世纪教会的禁欲主义时，正面宣扬的恰恰是个人物欲的合理性，从这个角度来讲人文精神应该从学术史角度来反省其研究。[1]其实正如我们从人文素养概念的确立中看出的那样，如果不能用历史的角度去界定人文素养的含义，必然会出现许多不可说明的悖论。因为人文素养的概念——包括人文精神——会随着时代的发展而产生不同的内容，精神的东西不过是这一时代的社会现实在意识领域里的反映而已。人文精神在文艺复兴时期的追求与启蒙时期的追求，以及在20世纪初的价值判断甚至于现在新的世纪里，它具有的内涵是不同的，许多曾经被认为是至理名言的东西也被现实的变化不断地消解。恰如人文精神初期倡导个人欲望，而现在却开始反思个人欲望一样。世界观、人生观和价值观是构成人文素养的最基本的成分之一，对人生道路的选择有不同的导向作用。作为人文素养的核心内容一旦发生了转移，内化到人心灵中的心理品质也必然会因为不同的价值选择而发生转移。

追溯人文精神在文艺复兴时期向中世纪发起挑战的背景，能够对揭开人文精神的本来意蕴有着积极的指向作用。单单考察中世纪教育史，就会获得许多作为教师应该明确的人文精神，从而为形成人文素养提供借鉴。如果按照教科书的观点也许可以获知文艺复兴时期的主要内容是肯定人权，反对神权，摒弃作为神学与经院哲学基础的一切权威与传统教条；提倡科学，反对愚昧和摆脱教会对思想的束缚；主张个性解放，反对禁欲主

[1] 石亚军.人文素质论[M].北京:中国人民大学出版社,2008:149.

义和宗教观念；拥护中央集权，反对封建割据。其实在西方人看来，情况并非如此。在人权与人性的问题上，他们的确主张追求个人的发展和自由的发表意见；在对待科学的态度上也持类似观点。至于如何对待宗教以及个性解放上，可能是现实人文精神研究者需要反思的。在前一问题上面，当时的人趋向于与教会的合作，许多人批评或者批判教会，一旦有机会融入其中后就与之"沆瀣一气"了；在后一问题上，他们虽然肯定人性与人的追求，也反对禁欲主义，但从来都没有放弃对人的欲望的限制。当时像彼特拉克等思想家追求培养"完人"的"完全教育"，主张对学生进行美德与价值等方面的教育，而这一切仍需要为宗教保留一块领地。当时有人说：下等的人拿"得"和"快乐"做生存唯一的目的，上等人不然，更有道德上的价值和名誉在。[1]这说明在当时的人文主义者看来，人不完全是可以在反对禁欲的前提下随意放纵的，应该始终保持着自我的追思，不仅为道德上的价值和名誉，也为人的信仰争取权利，特别是个人独立的自由信仰。也正因此，后来的新教运动，虽"实可视为文艺复兴运动的出产物"，[2]但目的并不是对宗教的完全否定，而是改良，这就从事实上说明之前文艺复兴时期人们与宗教所采取的态度是可信的。

综上，如果严肃地回顾这段历史，再思考后来启蒙运动及至于两次世界大战之后的思想家们的反思，我们可以知道人文素养与人文精神的内涵一直处于变化和发展之中的，但是内核又是相对稳定的。现在如果要仔细研究人文精神相关的情况，或许可以从这方面着手，深入挖掘其精神实质。可是如果只是如一般教师那样只想通过了解此相关知识以增进自己的基本人文素养而已的话，那么翻看或检阅相关学科有关人文素养或人文精神的论文就已经足够了。应该说，对人文素养的研究在国内肯定是一个正在成长的新鲜事物，只不过对普通教师而言，甚少关心而已。为此，我们在接下来的一节中将为大家呈现教师人文素养对近现代中国教育工作者提出的现实要求，并阐明教师对于这一诉求的实际反应。

[1]　[美]格莱夫斯.中世教育史[M].吴康译.上海:华东师范大学出版社,2005:142.

[2]　[美]格莱夫斯.中世教育史[M].吴康译.上海:华东师范大学出版社,2005:191.

教师人文素养的现实诉求与发展

　　中国古代思想家一直以来对教师人文素养的要求从来就没有断绝过，只不过说的侧重点不同而已。本章第一节所引孔子、荀子和韩婴有关人文素养的言论如果说是早期思想家对此问题的关注，那么应该说中国历代教育思想家对教师人文素养的论述一直是不绝于耳的。在《师说》中韩愈提出学生当学师之道，否则就是"小学而大遗"，明显为教师能够给学生提供人文素养的榜样提出了最早的要求，"是故无贵无贱，无长无少，道之所存，师之所存也"；同时期柳宗元则提倡"交以为师"，认为教师对待学生应当如朋友一般，相互交流、切磋；宋代著名思想家朱熹在《朱子语类》卷十三中提到教师要"作得个引路的人，作得个证明的人，有疑难处，同商量而已"；王夫之是明末清初著名的思想家，对教师人文素养的关注虽不是专攻，但其论述意义丰富。在其作品《四书训义》卷三十八中提出教师如果要教育好学生，首先自己要以身作则，言传身教，还要有扎实的学问基础和清晰的思维，其对孟子"贤者以其昭昭，使人昭昭；今以其昏昏，使人昭昭"加以阐发，认为"欲明人者先自明"、"必昭昭然知其当然，知其所以然。由来不昧而条理不迷"而致人"能悉知之，能绝信之，能率行之"。意思是说教师只有自己利用其渊博的知识，敏锐的思维，才能使学生清楚明白，信其道而力行之。反之，如果教师自己都做不到这一点，如何让学生从"昧"（即蒙昧）中走出来呢？西方有物理学家提出过这样的一个问题：教育之后剩下的是什么？难道会是教师传授给学生的知识吗，也许更多的反而是其思维的方式与道德、情感等内在的东西。正像那位诺贝尔得主所说的，对其一生影响最大的教育来自于幼儿园的养成性教育。

　　当历史的车轮走进近现代之后，人们对教师人文素养的诉求就更真切了，也更加的系统了。如果说以前的思想家们对人文素养的呼唤还是一粟之见的话，那么进入近现代之后人们对此的论述就如沧海之水，汤汤而不竭止了。鸦片战争以后，中国人意识到外来文化之所以先进乃在于其科技之高明，然而面对悠悠历史不敢妄下决断，恐悖负祖宗遗愿，因此出现了"中体西用，还是西体中用"的论战，但是面对国家危难，强调科技救国，以至于后期的实业救国，民主救国都被置于首位，而对影响社会前进的根本因素未予深究。一部中国近代史，也正是因思想的开化与革新才造就了胜利的曙光。自新文化运动以来，中国的革命面貌也焕然一新了。反观历史，自始而后，思想界对教师具备人文素养或者人文精神的要求也提上研究日程，到现在为止大致来看这种诉求可以分为三个阶段，具体如下表：

我国现当代对教师人文素养的主张

大致时间分期	代表人物	代表观点	各时期的主要特点
1900年——1949年围绕科学能不能解决人生观的问题而展开（后期还出现过"文实之争"、"通专人才之争"，其意大致还是围绕科学与人文之间的矛盾展开）	张君劢、梁启超、张东荪等	人生观问题绝非科学所能解决；中西文明有别，物质文明的欧洲已现因人生观匮乏而导致的现实问题	由于深处特殊的时期，人们在科学与人生观问题上的争论更多地基于国家历史背景，且双方论战鲜有交集，故而结果无非将科学与人生观念输入于人群，对人文素养的研究终有缺乏
	丁文江、胡适、吴稚晖、唐钺等	人生观与科学合一，只有依靠科学方法才能力求人生观的统一；提倡人生观是新的"中体西用"观	
1949年——1978年百废待兴、政治斗争比次而兴			一切皆在政治的阴影之下，人文素养也只是在政治素养的势力范围中萌芽，这种惯性还延续到改革开放后好长一段时期
1978年——现在，特别是1994年之后，讨论异常激烈，而观点杂出，丰富了人文精神与素养的研究		主要围绕着人文精神的内涵、人文精神与中国传统文化之间的关系、人文精神在当代中国需不需要重建的问题展开	从各学科各方面进行论述有关问题，但是深入不够，对学术史采取了简单化阉割、脱离实际的理论探求

在不同的历史时期，出现了不同的人文诉求，这也是合情合理的，问题在于考察这些时代所培养的人才以及他们对人文素养培育的要求，甚至时代的人文素养教育，对现今的教师人文素养或许能够获得不少启示。

由于众所周知的原因，在人文素养问题上民国时期才俊辈出，即使至今前沿学术史家们仍然对此时代的学术氛围津津乐道，特别如西南联大的历史和民国时期的学术气象。分析这一历史时期的各类人才的回忆录、传记以及民国教育档案，可以发现当时对人文素养的诉求虽少有人直接加以论述，但是从教师的行动中已经可以"尝一脔肉而知一镬之味"了。简单来说有如下几点对于形成现在的教师人文素养培养具有借鉴意义：纵使没有足够的学历，但需要经天纬地的天纵之资，如陈寅恪、沈从文执教于大学和梁启超、王国维、赵元任、钱钟书等人的广博才华；虽才华不越于人但意气可盖于世，如闻一多直面残酷的现实，刘文典能不屈于政治人物，即使遇蒋委员长尚能平心静气地研究学术而置其于不顾；尽管公务繁忙，依旧能纵情山水、试探天人同一者，如周作人、林语堂和胡适等。更有如鲁迅、蔡元培等思想家则为中华历史之再造呕心沥血。

这一些人所具有的高度的人文精神境界，有深度的人文心理体验，有大度的人文情感和有宽度的人文关怀操行，无论从何种程度而言都是对现今人文素养教育的拷问与示范。当一个知识分子（古代称为"士"）以一种公共的情怀、与日月同寿的历练去揣摩现实社会、人生与自然的时候，它的人文素养还值得再教育吗？教师理所应当地成为知识分子的一员，受着良好的高等教育，必然有着类似的情操。这不仅是民国人文气象的余光，也是现今市场经济污浊风气荡涤的必然选择。

历史要产生一个独领风骚的人是如此之难，而要产生一群类似的人物更是旷古难得之事。我们不可能期望这样的时代能够马上产生，只希望如鲁迅所说那样能够为培养天才提供一份有益的泥土，教师是其中最富营养的成分。自改革开放以来，市场经济发展越加深入，再加上各种思想新风咸集于世，网络技术日新月异，教师面对的思想诱惑或挑战正考验着教师的能力、胆识与素养。面对物质主义的盛行，还能保持自己的独立精神、家园思想与人文关怀正是教师人文素养在现实时期的集中表现。

　　也正是在这个时代里，人们对教师人文素养的要求越来越高，对人文素养形成的方法也加以不同程度的思考，虽然由于受到社会历史条件的制约，各方面有关教师人文素养的观点尚是在自己的专业范围之内发着一些"应时之文"、"一孔之见"，但至少为教师人文素养的形成与发展指明了方向。的确，我们也欣喜地发现，全国在新课程改革的背景之下，在教师专业成长的发展要求之下，教师越来越重视情感、态度和价值观的培养，在"身正为范，学高为师"的目标指引下，他们践行社会主义的核心价值观念，在自我人文发展方面做着积极的努力。

/ 教师人文素养的哲学意蕴

教师人文素养在现代社会的不断提及，既缘于经济社会发展之后人文关怀的兴起，又有现代教育体系自我改革和自我完善的动因。它既是一种文化自觉的冲动，也是对于教育状况及前景的忧思。现代性作为不可抗拒的社会思潮，深刻影响着教师的生活与心灵，也不可避免地泛起一拨只崇尚物欲和金钱的沉沙，造就一批"不差钱"但缺失精神支柱的"单向度人"，一部分教师缺乏对教师职业的敬畏之心，成为有识之士疾呼精神回归与人文复兴的重要问题。本章试图通过对人的本质的探讨，从源头上追问教师人文素养的哲学意蕴，为教师人文素养的养成价值提供理论的支撑。

/ 作为自然、社会和个性的人 /

马克思主义关于人的本质理论为教师人文素养提供了基本的原则和思想指南。马克思主义关于人的本质理论科学地揭示了人存在的可能性、必然性和价值性。马克思主义认为人之所以为"人"，是因为人具有区别于一般动物的"实践主体"的属性，是多层次、多侧面、丰富的人。因此作为存在的人，我们至少要从人与自然、人与社会、人与自身三个层面去解读人的存在。

作为自然的人 /

自然作为人存在的载体,是人类生命存在赖以栖息的场所,也是社会生产、社会生活以及社会价值得以呈现的基础。因此,理解人与自然的关系是把握人的存在的前提和基础。在认识人与自然关系的时候,我们所要达到的目的是实现人与自然的良性互动,既认识到人在自然中的主体地位,又培养呵护自然的心理品质,体会人与自然互动中所实现的价值意义。

自然是人的存在前提

自然是人类存在发展之所,是人类繁衍发展的基本前提和条件。人作为自然的产物,是自然界长期发展的结果。自然环境产生于人类之前,自然提供了人类产生的养分。马克思曾经指出,在现实的人与自然的关系中,人与自然是一种客观的对象性关系,人直接就是自然存在物,人本来就是现实的、有形体的、站在稳固的地球上呼吸着一切自然力的人。马克思说:"一个存在物如果在自身之外没有自己的自然界,就不是自然存在物,就不能参加自然界的生活。"[1]这说明人作为自然存在物取决于两个方面的决定,一方面,人作为生命体征的存在,它与动物植物的存在没有本质上的差异;另一方面,外部自然条件的存在是人作为自然存在物的先决条件和对象性条件,是人作为自然存在物的前提。因此无论人类如何进化发展,甚至对自然的改造和超越,有一点是毋庸置疑的,人首先必须保证作为生物学意义上的存在,只有解决了衣食住行等生物学意义的存在,人类才会有所发展,成为社会学意义上的存在。进一步讲就算人的物质存在甚至精神存在都有了质的发展,但在其根本性上,它仍然与自然存在有着密不可分的关系。自然科学和社会科学发展的成果证明,人类过去、现在、未来首先将是自然的存在物。

[1] 马克思恩格斯全集 (第42卷) [M].北京: 人民出版社, 1979:168.

同时，人类发展的历史也告诉我们，人类产生于300多万年前，人类的进化、活动和物质能量的交换都遵循自然界的发展规律。人类只有一个地球，只有一个适宜生存的自然生态系统。人类的食物90%来自20多种动植物，人类利用的生物加起来也不超过200多种。目前地球上生活着65亿人口，对于食物等方面的需求越来越大，对生物认识、开发和利用的欲望越来越强。人类生存发展必需的物质生产生活资料无非是动物、植物、矿产及其他非生物，人类改变的充其量是自然之物的存在形态，却并没有改变自然的存在属性，因此无论是人类使用的自然物还是使用过的自然物，其最终的结果依然是回归自然，没有自然的容纳和消化，人类早就被自己制造的垃圾逼得走投无路了，因此自然仍然是人存在的栖息之所。

人是自然的存在主体

人作为自然的存在主体，与动物的本质性区别就在于人对自然具有充分的创造力和想象力。人具有利用自然和改造自然的能力，具有对自然的主导能力。动物对自然仅有适应能力，遵循达尔文进化论"物竞天择，适者生存"，动物对于自然没有主体性，人恰恰不同，人在适应自然的同时，也表现了人对自然的责任和义务，凸显人的主体价值。人在自然的过程中既注重利益的实现，同时又遵从自然的规律，强调自然发展的平衡法则，即马克思所理解的按照一切物种自身内在的美的规律发展。

人对于自然的主体价值通过生产和劳动实现。马克思主义认为，生产劳动等人类实践活动是人与自然联系的中介，整个世界历史不过是人通过人的劳动而发展的过程。生产与劳动实现了自然物向人的需要的转变，生产与劳动也促进了自然的人化。人类的生存与发展是通过生产与劳动在利用自然和改造自然的过程中实现的，人类一方面通过生产劳动将自然资源转化为人类所需的物质生活资源，另一方面又将生产劳动时产生的废弃物返还于自然，人类在"自然人化"和"人化自然"的统一过程中实现人对在自然的主体存在。

人与自然的和谐发展

马克思主义认为人类社会产生之后，人与自然就形成了一对对立统一的矛盾关系。一方面自然界对人类社会的生存与发展起着制约作用，另一方面人类又通过其创造力能动地反作用于自然界。然而人类对于自然的利用与改造并不是完美无缺的，恰恰相反在马克思看来，"自然界是个有缺陷的存在物。不仅对我来说而且在我的眼里看来是有缺陷的存在物。" 历史实践的发展也确实证明了马克思的看法，资本主义社会形态的到来，工业革命带来的机器大生产极大地促进了生产力的发展，但是资本主义社会资本的私人占有与生产的社会化矛盾，也使得社会竞争的无序化状态剧增，给人类社会带来了极大的灾难。人类社会利益集团对自然资源占有和索取的无政府主义状态日益加剧了生态平衡的破坏和环境污染的加重。马克思看到了这种现象的存在，他用"异化"一词来描述这种现象。马克思认为在资本主义异化劳动的条件下，工人的生产生活条件是极其惨烈的，他与人的正常需要处于完全异化的对峙状态。人的存在是异化了的存在，是对立面的存在，是一种非人的存在，脱离了人的正常方式的存在，因此马克思呼吁要实现"人性的复归"。

如何实现"人性的复归"，马克思的回答是去除"异化"，使人成为真正自由自觉的人的存在。首先必须在人与自然的关系中取得人的主体地位，获得人对自然的主动权；其次则要正确处理好人与自然的关系，实现人与自然的和谐发展，人与自然形成一种"诗意的栖息"关系，是一种生产发展、生活富裕、生态良好的人与自然的和谐状态。

教师与自然的和谐

古人历来就有山水情结，"我见青山多妩媚，料青山见我应如是"。作为一名语文教师，我想从文学家的角度来认可这种说法。"不识庐山真面目，只缘身在此山中"、"山重水复疑无路，柳暗花明又一村"是从大自然游历中得出的思考；"夕阳无限好，只是近黄昏"亦是大自然的启示；"沾衣欲湿杏花雨，吹面不寒杨柳风"准确道出了春雨、春风的特色；"接天莲叶无穷碧，映日荷花别样红"、"两个黄鹂鸣翠柳，一行白鹭上青天"、"野火烧不尽，春风吹又生"，大自然的花鸟草虫无不给人以美感，给人以感悟，所以古人寄情山水，留下了多少脍炙人口、家喻户晓的名句。

作为一名教师，与大自然的和谐体现的是一种平和的心态。带着这样的心态，我时常漫步于学校的运动场，春日的校园，生机勃勃，有着许多不知名的小草在争奇斗艳，偶尔还有那仪态端庄、神情悠闲的小鸟在操场闲庭信步，风微微地吹着，抬头望望不远处墙外的村庄与树木，好像一幅清淡的水墨画，这时心里惬意极了，多美啊，我们的校园，生活真是一种享受呢。我把自己的这种心理与学生分享，教会他们要注意观察，用心去体会，热爱我们的校园，热爱自己的母校。大自然有着许多的无声语言，用心揣摩，它会告诉你不少的道理呢。

作为社会的人 ╱

马克思主义认为，人的本质在其现实性上，它是一切社会关系的总和。也即人的社会性决定了人的本质属性，是人与动物的根本性区别。或者从自然属性的联结关系来说，人可以认定是社会性的动物，是建立在与自然关系基础上所形成的生产性存在属性，决定了人与人之间的关系性存在，它在本质上是一种社会关系的存在，这种社会关系的结点则是"实践"、"需要"和"历史"，也就是作为社会的人，它包括了实践的人、主体的人和历史的人三种形态。

实践的人

在马克思看来，人要成为现实的人，必须首先成为社会存在物，这种社会存在是以特定物质资料的生产活动为基础，以一定数量和质量的人口为主体而建立起来的相互交往和运动发展的社会关系体系。个体构成了社会的单元，但又不单纯是个体的简单叠加，而是基于一定经济关系的复杂结构，在这个结构中，人的实践活动起到了关键性作用。人通过实践活动成为社会的主体，成为具有主体性特征的人。因此人的社会性主要体现在人的实践性上，是人的主动性、主体性和创造性的集中体现，也是人的本质属性的规定性所在。

实践构成了人的社会性存在，人通过实践创造人自身的存在，换句话说就是"劳动创造了人"。由猿到人的自然进化中，劳动扮演了关键性的一步，所以马克思说："生产生活本来就是类生活。这是产生生命的生活。一个种的全部特性、种的类特性就在于生命活动的性质，而人的类特性恰恰就是自由的自觉的活动。"[1]因此，"当人们一开始生产他们所必需的生活资料的时候，他们就开始把自己和动物区别开来。"[2]从这个意义上理解，也正是实践使人与人之间的社会关系与动物之间的群居生活特性区别开来，人的社会性成为人之为人的关键属性，成为真正意义上的人，即在社会现实实践中从事活动的人。

教师知识是一种实践性知识

有位化学老师，他为了培养学生仔细观察事物变化的习惯，在第一节化学课上他就别出心裁地搞了个演示试验：他把煤油，醋和蓖麻油三种液体混合，搅匀后，用中指沾了点混合液，然后把食指放进嘴里舔了几下并露出"味道好极了"的表情。接着，他把该混合液递给学生，要他们每人都像他那样尝一下，学生们用食指沾了液体尝后，都吐了出来，做着鬼脸，表示难尝极了。这种体验课学生一辈子也不会忘记，虽吃了点苦头，却换来了仔细观察，重视过程的好习惯。

某体育教师在跨栏训练中为了激起学生的兴趣，便问道，"谁知道跨栏这个项目的由来吗？"操场里一阵窃窃私语后又沉默下来，这时老师说，"跨栏这个动作是由牧羊人发明的，以前在欧洲草原上有很多狼，它们在晚上总会钻进羊圈里偷羊吃，等到牧羊人从羊圈大门进来追杀时，它们又从栏下跑出去了。牧羊人为了追杀恶狼，就练就了跨越羊圈栏

[1] 马克思恩格斯全集 (第42卷) [M].北京：人民出版社，1979:96.

[2] 马克思恩格斯全集 (第3卷) [M].北京：人民出版社，1979:24.

杆的本领，后来就成了人们喜爱的一项竞技运动。"学生听后马上兴奋起来，高呼着"杀恶狼啊！"的口号练跨栏去了。

日本教育家佐藤学认为，教师知识是一种实践知识，是一种经验性的知识。教师知识的一个显著特征就是实践性，是活生生的，不脱离具体情境的实践性活动。

主体的人

实践基础上的人的社会存在属性的获得，不是自然界预先设定的，而是社会的人在生产实践中不断产生和不断变化的各种需要的推动下完成的，是人的主体能动性的体现，是人利用自然，改造自然的动力源泉。马克思主义认为，人的需要就是他们的本性，人的活动的动机尤其是人与人发生联系的动机是人类需要的满足。"他们的需要即他们的本性，以及他们求得满足的方式，把他们联系起来（两性关系、交换、分工），所以他们必然要发生相互关系。" 可见，马克思所理解的人的需要及其满足作为人的社会存在属性的动力源泉，是建立在一定的生产力和生产关系基础之上的，是立足于一定经济基础之上的人的主体性体现。事实上，也只有这样的主体需要才是具有现实可能性的需要，才能通过人的现实的社会实践活动而获得主体的满足。

教师实践是主体特性的实践

上海某中学数学高级教师在给初一的学生讲解"鸡兔同笼"这个古老的问题时，充分体现了教师教学实践的主体性特征：鸡兔同笼，有头45个，脚116只，问鸡兔各有几只？学生议论纷纷，有的笔算，有的心算，却算不出来。问题在哪里呢？鸡的两只脚和兔子的四只脚在捣乱。于是，老师下令："全体兔子立正！提起前面两只脚。"全班同学哄堂大笑，个个睁大了惊奇的眼睛，老师接着说："现在鸡与兔子的脚数是一样了。上面有45个头，下面该有多少只脚呢？""45×2=90只"，同学们齐声回答。教师问："和先前相比，少了多少只脚呢？"，"少了26只"，反应快的同学马上叫了起来。教师再问"这26只脚哪里去了？"等一系列问题后，同学们很容易得出了答案。

历史的人

实践的创造性本质，以及人类在实践过程中不断产生的需求及获得满足的动力源，使得人类一直在社会关系中处于不断活动变化的历史场域中，这就是人类历史的发展演进过程，也就是人的社会性决定了人的历史性，人是历史的人。人作为历史场域的人，其作为人的一切规定性以及表征一切人的存在属性的特征，都是在历史的场景中表现的，因此我们所看到作为人类生存的条件和环境的社会和历史，不仅本身是社会和历史发展的产物，其思想和意识的发展也同样打上了社会历史演进的烙印。因此，人是在社会历史的场域中实现需要的满足，社会的历史性发展决定了人的历史性发展，作为社会历史的创作者和参与者，人不能脱离历史场域的情境而存在。

教师是历史场域的活动者——RAP, 说唱引爆英语学习热情

上海某初中教师在初二牛津英语 (8A) 教学时，采用说唱乐 (RAP) 的方式开展教学，并在三轮的教学过程中，不断地站在历史场域的活动情境中，不断升华教学方式，取得了较好的教学效果。

(一) 初次教8A, 感觉有个RAP真好

2006年，该教师第一次教8A "A dangerous servant"，课文中有关电的信息、电的来源、电的重要性等一系列知识、生词一大串，学生记忆很难。该教师在教学中采取了一种新的教学方式，把课堂内容改编成RAP1，把拓展知识编成RAP2，让学生和着节奏一起唱，把生涩的知识编成朗朗上口的说唱，取得较好的效果。(附RAP Electricity 1)

RAP1 Electricity 1

S1: (ask) Where does electricity come from?

Ss: (answer) It comes from the power station.

S1: Can we see the electricity?

Ss: Electricity is invisible.

S1: How can electricity come into flats?

Ss: It comes through wires.

Thick and wires.

(二) 再次教8A, 学生改编RAP, 感觉更好

2008年, 该教师第二次教8A中同一篇文章时, 在复习巩固中, 再次使用两首RAP, 并鼓励学生尝试把RAP中的歌词放入自己喜欢的歌曲旋律中唱出来。有一位学生上台把这首RAP放入了《only you》的旋律中, 并抱着吉他上讲台深情吟唱, 学生被深深打动。RAP的应用起到了学习与娱乐相结合的目的。学生学会了课内的语言知识, 有通过RAP训练了语言技能, 提高了学生的朗读能力, 让学生感受了语言的节奏美和韵律美。

(三) 第三次教8A, 不仅仅是个RAP

2010年, 该教师第三次教8A时, 该教师延展了RAP的形式, 在每个单元结束之前都设计了一个类似但不同形式的综合性学习展示活动, 让学生复习课内所学知识, 尝试结合自己的兴趣爱好, 综合英语课本剧、自编英语歌曲、英语小报、英语演讲、英语故事写作等各种形式来展现自己, 同时激发学生的学习兴趣与热情。

作为个性的人 /

马克思主义认为, 人的存在除了人与自然的自然属性的存在, 人与社会的社会属性的存在之外, 还有第三个存在维度——人与自我的关系, 即人作为个性的人。

个体是人类自然属性的存在维度

人是社会的动物, 但是社会绝对不是外在于作为个体而存在的人, 独立发挥作用的某种神秘力量的结果。社会历史首先是以个体的人的发展为基础的, 作为个体而存在的活生生的个人, 一切社会的力量、历史事件无非都是每一个有血有肉的个人能动活动的结果。马克思说:"人们的社会历史始终只是他们的个体发展的历史, 而不管他们是否意识到这一点。"因此, 一方面我们不把人视为脱离社会关系的抽象存在物, 另

一方面我们也不能忽视个人的存在。也就是不能抽象地看待社会,不能把社会看作是超越于具体个人之上的某种实在体的存在或先在。正是从这一意义上,我们认为人的个性的形成,是人类存在的一个重要维度,也是我们探讨与人有关的一切问题的一个基本方面。

自我超越是人类社会属性的存在维度

作为个体存在的人,它是通过自觉而有意识的实践活动来培养他们的自我意识。虽然个体生命的存在是自我意识产生的前提,但是由于个人并不是静止不动的实体,因此只有在社会关系和历史场域中考察和把握人的个性,才能理解个体的自我意识,并且只有拥有了以社会为蓝本的和嵌入人性框架的自我意识,人才真正有了自我。所以,作为社会的人,从个性的角度出发,就注定了人是对动物性"本我"的超越,达到"自我"的阶段,并且这个超越是一个不断动态发展演进的过程,人们总是追求向着理想的"超我"前进。这个过程就是自我超越的过程,作为个体的人,只要不排斥社会化的过程,它就会一直处于自我超越的过程中,只是程度的大小不同而已。也就是说,个性和建立在个性基础上的自我,既是一种社会性的规定,又是一种客观存在,它们始终是人性和社会性互动的结果。

在人与自我的互动中实现个性发展

社会的人的自我发展过程也就是人的个性发展的过程,这是一个双向互动的过程:一方面,人所存在的社会和历史环境决定着个体或自我发展的范围、限度、趋势、外部条件和动力机制等,并进而决定着可供自我选择的人格类型。另一方面,自我并不是社会影响的消极适应者,作为一种能动的力量,个体在自己的发展过程中会积极地甄别、选择并适应环境,做出创造性的反应。个体通过个人创造性的、独特的活动方式和思维方式反映出来的社会影响力,也即社会关系的总和,实际上折射出来的就是不同个体的独特人格和个性特点,它既是不同的人对社会关系总和的不同理解和感受,也是社会关系的普遍性在个体身上的具体或特殊体现。因此,马克思主义提倡和鼓励人性的发展,承认自我独特性的存在,承认个性存在和发展的空间、条件和可能性。

教师教学的个性——以"墙"为内容主旨的历史课《冷战》教学[1]

课题:冷战——由"墙"而起

重点:对"墙"的领悟

课文结构:

(一)因何筑墙?(归纳冷战的原因)

通过对"筑墙、扩墙、拆墙"的解读,认识冷战发展的过程,并从中领悟"墙"的含义。

(二)筑墙(无形的墙)

内容:杜鲁门主义与马歇尔计划。

美苏开始全面对抗,一堵因国家利益和意识不同而起的"墙"(无形的墙)赫然矗立。

(三)柏林墙(有形的墙)

柏林墙从表面上看是一道横亘在德国的地理分界线,背后隐藏的却是以美苏为首的两大阵营的对峙,柏林墙是冷战的象征(有形的墙),冷战激化。

(四)扩墙——北约和华约

美苏的这道墙已由德国延伸至了欧洲(扩墙),德国一分为二发展至欧洲一分为二。

(五)拆墙——冷战结束

20世纪90年代,东欧剧变和苏联解体,冷战结束(拆墙)。

结语:出示一段由"墙"而感的随笔。

[1] 张肇丰等.课堂改进的30个行动[M].上海:华东师范大学出版社,2011:61—62.

/ 作为全面发展的人 /

提升教师人文素养的根本目的在于为教师的幸福生活寻找理想的路径, 其落脚点是实现教师的全面发展。寻找教师人文素养的理想路径不仅具有普遍的意义, 同时也有导向的价值, 因为作为人类灵魂的工程师, 教师的人文素养对于改变和引导一个时代、甚至是人类的发展方向, 具有象征的意义。这其中马克思主义关于人的全面发展的理论能够为教师人文素养的提升提供一种理论的支撑。

马克思主义关于人的全面发展理论 /

马克思、恩格斯关于人的全面发展内涵的论述很多, 散见于许多著作之中。但其思想脉络是清晰的。他们对人的全面发展的内涵的阐述, 归结起来主要有以下几个方面:

人的全面发展表现为人的活动的全面发展

人的活动主要是指改造自然的生产活动, 改造社会的交往、管理、变革社会关系的活动, 改造人自身的活动, 即教育、道德、艺术等活动。人的活动的全面发展, 主要是指上述活动在内容和形式上的全面发展, 即人们不再屈从于被迫的分工和狭隘的职业, 每个人按自己的天赋、特长、爱好、自由地选择活动的领域, 不仅从事体力劳动, 而且从事脑力劳动; 不仅参加物质生产劳动, 而且能够参加经济、政治、社会生活的管理, 进行科学、艺术的创造活动。正如马克思指出: "在共产主义社会里, 任何人都没有特定的活动范围, 每个人都可以在任何部门内发展, 社会调节着整个生产。因而使我有可能随我自己的心愿今天干这事, 明天干那事, 上午打猎, 下午捕鱼, 傍晚从事畜牧, 晚饭后从事批判, 但并不因此就使我成为一个猎人、渔夫、牧人或批判者。"[1] 人

44

---

[1] 马克思恩格斯全集(3卷)[M].北京:人民出版社, 1972;37.

的发展与活动的发展是一致的，也即马克思所说"人类个体是什么样的，这同他的生产是一致的。既和他们生产什么一致，又和他们怎样生产一致。"[1]生产什么即人的活动内容，怎样生产代表了人的活动方式和活动水平，也就是说人的活动方式越科学，活动水平越高，活动内容越丰富，人的发展就越全面和充分。

人的全面发展表现为人的社会关系的丰富和发展

马克思认为，人是社会的人，人是在社会关系中生存和发展的，"社会关系实际决定着一个人能够发展到什么程度。"[2]他同时指出："一个人的发展取决于他直接或间接进行交往的其他一切人的发展。"[3]在交往中，人与人之间的心理、情感、信息诸方面得到交流，受到启发，从而丰富、发展、完善自己。因此，人必须积极参与社会生活多种领域的交往，在交往中形成丰富而全面的社会关系。对此，马克思在《经济学手稿(1857—1858年)》中指出"个人的全面性不是想象或设想的全面性，而是他的现实关系和观念关系的全面性。"在马克思看来，人的全面发展首先表现为个人与其他人建立的普遍关系，而这种关系主要表现为物质交换关系。正如马克思所说："这种物的联系比单个人之间没有联系要好，或者比只是以自然血缘关系和统治服从关系为基础的地方性联系要好。"这种普遍的物质交换关系的建立和扩展，使人摆脱了原来的封闭状态，使个人活动的空间得到了大大的扩展。没有个人与社会之间的普遍联系，个人的才能就不会得到发展，人的社会性质也不能得以充分的体现。此外，人的全面发展，还要求这种关系是一种全面性的关系。人们只有在建立普遍关系的同时，发展出关系的全面性来，也即只有在物质关系的基础上进一步发展出政治法律关系、伦理道德关系、思想文化等等，才能在这一关系内形成为一个普遍而牢固的共同体，形成密

[1] 马克思恩格斯全集(42卷) [M].北京:人民出版社,1979:25.

[2] 马克思恩格斯全集(3卷) [M].北京:人民出版社,1972:295.

[3] 马克思恩格斯全集(46卷下)[M].北京:人民出版社,1979:109.

不可分、一体化的关系，个人的类的特性或社会性才算得到了比较充分的发展。为此，在现代社会中，尤其是在全球化背景下的现实社会生活中，个人必须积极参与社会生活多种领域，同无数其他的个人从而也就同世界的物质生产和精神生产进行普遍的物质和精神交换，逐渐摆脱个体的、地域的和民族的狭隘性，在交往中形成丰富而全面的社会关系。

人的全面发展表现为人的能力的全面发展

人的能力的全面发展是马克思人的全面发展理论的最重要的价值目标。马克思认为人的发展是人的本质力量的发展，而个人能力是人的本质力量的公开和展示。马克思指出："任何人的职责、使命、任务就是全面地发展自己的一切能力。"[1] "每个人都无可争辩地有权全面发展自己的能力。"[2]马克思认为劳动是人获得发展的根本途径，个人能力的全面发展是在劳动过程中围绕着人的劳动能力、实践能力、感觉能力和人的审美能力四个方面。人的实践能力是主体的要求与外部现实性得以统一的能力，是人的体力和智力的综合。这种能力随着人实践活动的丰富而得以发展。人的感觉能力主要是指现有的物质生活条件赋予人们内在的感受能力。随着人在各种领域中的广泛活动，以及"人化自然"的无限扩大，人的感觉对象日益丰富，感觉能力也将不断提高。人的思维能力的发展是人的思维的有限与无限的辩证统一。恩格斯指出："人的思维是至上的，同样又是非至上的，它的认识能力是无限的，同样也是有限的。按它的本性、使命，可能和历史的终极目的来说是至上的和无限的；按它的个别实现情况和每次的现实来说，又是非至上的和有限的。"拥有高度发达的思维能力是人全面发展的一个重要方面。审美能力的发展表现为人们发现和创造美的能力的发展。然而当人们还处在物质生活的重压之下时，人的审美能力是很难得到充分发展的。只有依靠

[1]　马克思恩格斯全集(42卷) [M].北京:人民出版社,1979:125.

[2]　马克思恩格斯全集(3卷) [M].北京:人民出版社,1972:330.

人的实践能力,生产出丰富的物质生活资料,有了一定的物质基础,人的审美能力才能得到发展。四种能力是紧密联系、不可分割的,它们是相互促进、共同发展的。

人的全面发展表现为人的需要的全面发展

马克思明确指出,社会发展与变化的根本原因,是由于人的需要。他把需要看作是社会发展的动力,是社会发展的动因。这里指的需要是人的一种机制,表现为人的欲望和要求,这种欲望和要求是人从事生活活动的动机,人之一切所作所为都是为了满足自己的需要,社会中的一切现象,过程和事件都是为了满足需要而进行的活动和活动的结果。人的需要如果得不到应有的满足,人和社会便不能存在和发展。正如马克思所说:"任何人如果不同时为了自己的某种需要和为了这种需要的器官做事,他就什么也不能做。"[1]因而,需要是人的本性,是客观的存在,人的一切活动都是为了满足自己的需要,人类的历史就是人为了满足自己的需要而进行活动的历史。人类社会的发展趋势是向着最大限度地满足人的需要的社会,即以各尽所能,按需分配为标志的共产主义社会。人的需要具有多样性和层次性。人的需要的多样性表现为人的需要包括自然性需要和社会性需要、物质需要与精神需要、个体需要和群体需要等,人的需要的层次性表现为生存需要、发展需要和享受需要三个层次。人的需要结构反映着人的发展水平。随着生产力的发展,需要的不断满足,就标志着人向更高的境界发展。

人的全面发展表现为人的个性的自由发展

人的自由个性是人的本质力量发展的集中体现,是个人的生理素质、心理素质和社会素质在不同社会领域的集中表现,是人的自主性、能动性、独特性、创造性的充

[1] 马克思恩格斯全集(3卷) [M].北京:人民出版社,1995:286.

分展示。受社会历史条件的限制，人的自由是具体的历史的。"最初的、从动物界分离出来的人，在一切本质方面是和动物本身一样不自由的；但是文化上的每一个进步，都是迈向自由的一步。最初的原始人面对强大的外在自然力，很难说有多少自由可言，而进入奴隶社会和封建社会，大多数人竭力争取的自由主要是一种人身自由，资本主义社会里人身的自由问题得到了一定程度的解决，而政治自由问题又成了工人阶级的努力的目标。社会主义社会的建立，人民当家做主，人的政治自由解决了，而经济上的自由平等成了人类努力的目标。人们一旦进入共产主义社会，人的个性自由问题将得到最终解决。个性的自由发展是马克思主义关于人的全面发展的本质内容。马克思指出，个性的充分发展就是"一切天赋得到充分发展"。马克思认为，人的发展在一定意义上就是"有个性的个人"逐步代替偶然的个人。而"有个性的个人"就是人的体力、智力、能力、意志、情趣、爱好、特长等个人自身属性充分发展，并与社会关系、交往条件相适应，个人对社会具有自主性。

人的全面发展的核心是成为多向度的人 ╱

人类对于自身力量的认识还来不及惊讶与陶醉经济科技发展带来的巨大成就时，人类就陷入了巨大的惊骇和困境之中。知识爆炸、科技飞跃、经济腾飞，但是人的生活、价值和权利并没有得到相对应的提升，贫富差距、精神危机、环境污染侵蚀着人们的生活，人的生活一如法兰克福学派哲学家马尔库塞认为的发达工业社会是一个单向度的社会，是一种新型的极权主义的社会。技术的进步使得对于社会的控制不在是恐怖与暴力，而是通过电视、网络等传媒无孔不入地侵占人们闲暇的私人空间，技术的进步不是形成一个自由开放的世界，恰恰变成了一个控制的不自由的社会，而生活在单向度社会中的人则变成了"单向度的人"，它的实质就是由于人对物的依赖使得人片面化和异化。人的全面发展是对单向度人的否定，是对单向度人生存状态及其特性的扬弃。全面发展的人正是通过扬弃现实社会中的物化、异化、片面化的人，使人有

"真正丰富"的需要、"自由自主"的活动、"自由全面"的社会关系和"自由个性"的发展，从而使人全面占有和实现自己的能力，成为全面而自由的多向度的人，它一般具有以下本质特征。

主体人格

人格是一个人在与其环境相互作用过程中所表现出来的独特思维模式、行为方式和情感反应的特征。人格反映了一个人总的心理面貌，是相对稳定、具有独特倾向性的心理特征的总和，在很大程度上决定了人对外界的刺激作出的反应，包括反应的方向、形式和程度等。

人格是人的素质的基础，决定个体包括生理、心理和社会文化素质在内的综合素质的发展。人格是人的主体性意识，是个体对于自己本质的自觉意识，主体人格是主体意识赋予生命可持续发展的心理特质。主体性是与客体性相对应的主体的本质属性和能力。对于主体性内涵的理解可以从两个方面分析：一方面，是它的"自在规定"即人类的存在方式、活动方式和对世界、自我的把握方式，这是人作为人而存在的必然性、使命、本质、意义和根本方式上所做的规定。另一方面是它的"关系规定"，主要是与客体性对应的主体的为我性、理想性、选择性、创造性、超越性等。主体性是标志人的本质力量的哲学范畴，马克思主义是从主客体关系的角度来规定主体性，认为主体性是主体在与客体的关系中，主体在对象性活动中表现出来的本质属性。

主体性是人之为人的根本属性，是人作为认识和实践主体在其活动中所具有的自主性、能动性和创造性。主体性就是主人性，就是主体关系中处于主人地位的人所具有的本质属性，这种主人性既包括做自己的主人，也包括做主体间关系的主人，还包括做对象世界的主人。主体性还意味着个体在推动历史进步和社会发展中自然实现的为我性、受动性和能动性。主体性的为我性、能动性和受动性的特点反映了无论是接受创新精神和创新能力的培养过程中，还是在进行创新活动的过程中，主体都是围绕着自身利益展开的。主体意识越深刻，主体能力和主体人格就会越有力，作用就会越大；主体的受动性越大，为我性和能动性就会显得越充分，自身的发展也就越充分、越有持续性。

人的全面发展不仅在于它为社会发展提供条件、手段，还在于人自身的进步、发展、完善才是目的和归宿。社会发展归根到底是为了更好地满足人类的生存、发展的需要。人在社会发展中要实现自身的发展，要进一步占有、完善自己的本质，这就需要不断地提高自己的生存能力、生存质量，而人的全面发展体现了人的生存状态的提高和人的本质的进一步完善。人的全面发展使人的个性和自由回归，人的主体性得到充分的彰显。

创造性教师是幸福的教师[1]

东方竞争性教育系统给创造性教师带来很多困难。例如，他（她）可能受到忧心忡忡的家长的抵制。这些家长坚持对学生进行传统的作业训练，对开发他们智力的游戏却不感兴趣；他（她）也可能受到校长的抵制，校长希望学生在课堂上保持安静，注意力集中，而不是大声喧哗。除此之外，他（她）也可能受到同事和学生的抵制，他们不习惯于他（她）在课堂教学中运用非传统的技巧。面对这种可能来自家长、校长以及同事和学生的抵制，我们自然会提出这样一个问题：你为什么要成为一位创造性教师？不同的人对这个问题有不同的回答，我的回答如下：

创造性教师是幸福的教师，因为他们理解他们所从事工作的重要意义。为了理解这个问题，必须回答两个问题：首先，工作满意度的性质是什么？其次，影响工作满意度的因素是什么？工作满意度是指人们对他们从事工作的满意程度。工作满意度高的教师喜欢他们的工作，反之亦然。工作满意度受许多因素影响。这些因素包括你的工作收入，你为之工作的老板，以及一起工作的同事。例如，如果你的收入很高，老板也很出色，同事乐于助

[1] [新加坡]Ng Aik Kwang.解放亚洲学生的创造力[M].李朝鲜译.北京：中国轻工业出版社.2005.4—5.

人，你可能对工作很满意。

除了收入、老板和同事，工作满意度也受另一个重要因素的影响。这就是工作本身的性质。当你看到自己的劳动成果——培养出主动守纪、独立自主和努力工作的学生——你就会理解你所从事工作的重要意义，体验到很高的工作满意度。从这个意义上说，创造性教师是幸福的教师。

时代价值

人是一种实践性存在，人的实践活动的目的性决定了价值关系存在的历史必然性。实践活动作为一种自觉活动总是与目的和方向相联系的，实践目的是实践过程的起点也是结果。对设定特定目的的主体而言，目的实现了，价值也就实现了。因此，人也是一种价值性存在。人的全面发展不仅包括知识技能的发展，更重要的是人的价值观念和思维方式与时代发展相适应。

价值观念作为一种主观意识形态，是以价值实现或价值关系为其客观内容的，价值观念是在既定的价值关系的基础上生成的，是从已存在的价值关系出发而形成的自觉认识。每一个时代都有与之相适应的价值观念和思维方式。随着社会主义现代化建设的全面开启以及建立社会主义市场经济实践的展开，人们的生活方式、价值观念发生了巨大变化，甚至会出现传统价值观与现代价值观的冲撞，如价值观念的多元性与一元性、物质价值取向与精神价值取向、社会价值与个体价值等。不管怎样，全面发展的人要求个体的价值取向必须符合时代发展要求，这种要求至少包含两个方面的内容：一是坚持社会本位观。现代社会要求积极发挥个人的作用，但是反对将个人凌驾于社会之上。个人价值的大小并非以他既得利益多少为标准，而是以对社会贡献大小为尺度。健康的价值取向应该是坚持个人服从社会的原则，以社会的价值为尺度；二是愿意根据技术水平高低来领取不同报酬。这种价值取向有助于展开公平竞争，激励人们努力提高自身多方面的素质，从而使社会成员的整体素质得到提高，对社会现代化的发展产生巨大的推动力。

美丽，在等待中绽放

等待，不是每个人都会的。有些人是因为不明白为什么等待，所以不会等待。而有些人却是明白等待的意义，也不愿等待。我是一名一线教师，因此，我更懂得教师本应拥有的等待。

在执教完《孔融让梨》后，我问孩子们："有两个苹果，一大一小，你准备吃哪个？"孩子们大声嚷着："吃小的。"正当我为自己有效的教育效果窃喜时，突然，文静的张瑶站起来说："老师，我想两个都咬一口。"同学们哈哈大笑，我愕然，心想：这孩子怎么这么自私？再看张瑶，还一脸委屈。于是，我耐着性子问道："为什么？""我要把甜一点的那个给妈妈。"教室里的笑声戛然而止。我感动，但我更庆幸，我让孩子把话说完。

美丽，就这样在等待中绽放了。

我的思索也在这美丽的等待中起程：课堂上，当学生沉默的时候，一定要气定神闲，耐下心来等待。等待是什么？等待绝非"守株待兔"中懒人的异想天开，不是"鹬蚌相争"中渔翁的坐享其成，等待，是一种积极的心态，是一种美，是对学生的理解和包容，信任与关爱。让孩子们拥有一份镇定和从容，拥有一份宁静、舒缓的心境，智慧在这安静中迸发，美丽在这无声的等待中绽放！

全面能力

人的能力是由人的身体与精神相统一的结构所产生人的活动能力，是人的身体和精神的全面发展在人的活动能力上的具体表现，因而人的活动能力的多方面发展能够明确而具体地表现出人的全面发展的程度。

马克思把人的自由而全面发展作为历史归宿，作为未来新社会的本质要求和人的本质的最高、最完美体现。他所说的人的全面发展虽然包括多个方面，但首先是指各种能力的发展, 正如恩格斯所说的"使社会全体成员的才能得到全面的发展。"[1]马克思特别强调人的体力、智力和潜能的发展, 主张人要适应各种劳动, "全面的活动才能使我们的一切天赋得到充分的发挥。"[2]马克思把全面发展的人称为"把不同社会职能当作互相交替的活动方式"的人; 恩格斯称为"各方面都有能力的人, 即能通晓整个生产系统的人。"[3]因此, 能力的全面性首先表现为较强的适应性, 即"没有特定的活动范围", "每个人都可以在任何部门内发展", [4]可以"根据社会的需要或他们自己的爱好, 轮流从一个生产部门转到另一个生产部门", 可以自由"变换工种"。[5]从现代的角度来看, 人的能力全面性具体表现为人应具有: 包括认识能力、实践能力、社交能力和适应超越环境能力的一般能力; 从事特定社会职业所必需的专业技术能力; 个人为集体、社会创造物质财富和精神财富的能力等。

教师的能力体系[6]

一级能力	二级能力
基本认识能力	观察力、注意力、记忆力、想象力、思维力
系统学习能力	自学能力、专业能力、信息资料的加工利用能力、外语能力
调控与交往能力	行为与心理的调控能力、人际交往能力
教育教学能力	组织管理能力(教学内容的组织加工能力、课堂教学的组织实施能力、教育管理能力)、表达能力(语言及非语言表达能力、书面表达能力、板书表达能力、情感表达能力)、现代教育技术运用能力
拓展能力	教师自我发展的规划能力、教育教学知识的拓展运用能力、开展创造型教学的能力、教育教学科研能力

人文素养教育是实现人的全面发展的现实途径 /

要改变一般人的本性, 使他获得一定劳动部门的技能与技巧, 成为发达的和专门

[1] 马克思恩格斯选集 (第1卷) [M].北京: 人民出版社, 1972:223.

[2] 马克思恩格斯全集(3卷) [M].北京:人民出版社, 1972:286.

[3] 马克思恩格斯选集 (第1卷) [M].北京: 人民出版社, 1972:24.

[4] 马克思恩格斯全集(3卷) [M].北京:人民出版社, 1972:37.

[5] 马克思恩格斯选集 (第1卷) [M].北京: 人民出版社, 1972:223.

[6] 靳莹, 王爱玲.新世纪教师能力体系探析[J].教育理论与实践, 2000 (4) .

赋予一切活动以生命与意义，文化的缺失就意味着生命的贬值和枯萎。人文素养教育虽具有工具价值，但更具有文化意义，否则它就只是知识的移位和技能的训练。诚如教育学家普朗格指出，教育绝非单纯的知识传递，教育之为教育，正在于它是一个人格心灵的"唤醒"，这是教育的核心所在。人文素养教育的要义不在于"造"，而在于"育"和"养"，即是一个养心、养性、养智和养德的过程。也就是说，人文素养教育的过程主要在于使生命文化而非知识化，它意味着引导个体通过统摄蕴含于知识中的智慧而觉悟到自身生命价值的真谛，进而把人的创造力诱导出来，将生命感、价值感"唤醒"，一直到精神生活运动的根，最终实现"人"的价值的最大化。

人文素养教育能促进人的自我完善

全面发展并不是指平均发展，而是指人的个性与人格充分发展的全面发展。人文素养教育则是实现这个发展目标的助推器。人文素养教育以文化为底蕴，追求人的情感与精神的和谐发展，追求一切活动的价值与意义，追求生活的质量与人的完美。人文素养教育的功能不外乎在发展人性、培养人格与改善人生，使人与人互动，达到行为习惯的正面养成。当然此类教育目标并不是"教育完成"，而是"教育中介"，即培养人的独立自主创造和更新生活的能力，一种成功和有意义地塑造个性生活的能力。人文素养教育是以人文学科知识为载体的，而人文学科主要是研究人本身或与个体的精神直接相关的文化世界的学问，如文学、历史、哲学、艺术、语言学等，它们主要研究人的精神世界，回答"应该怎样"。人文学科最主要的是发展人性、完善人格、提高人的文化素质和文化品格。因此人文素养教育能引导人们思考人生的目的、意义、价值，帮助人们追求人的美化。

教师的思想才是学生的真正课本[1]

读书的姿势有三种：一种是顶礼膜拜的仰视，将书本奉为金科玉律；一种是平等交流

[1] 林高明.教师的思想才是学生的真正课本[N].中国教育报，2008-1-18.

的平视，在文本中你商我量，有问有答，不是单线传输，也不是单极吸收；一种是登高望远的俯视，以一种反观省察的态度来对待其中的字字句句，不偏信、不盲从。简言之，是跪着读书、坐着读书与站着读书的区别。作为读书的常态与过程，这些方式都是必不可少的，应该互融并用、各得其所。并且这也是个步步深入的过程，随阅历的增加，由跪而立，思想不断得以养护。

然而，我们许多语文课堂中的阅读，其姿态单一而僵硬，只是一味地长跪不起。为书所奴的多，以书为友的少，敢于以书为奴的更是少之又少。教师跪着读书的姿态总是让学生们越读越缺乏自信，越读越迷失自我。读书原本是为了求诸己，而不是求诸人，是为了内求于自我修养，而不是外骛于他者的言论。无条件、无限制、无保留地迷信文本，只会使我们追寻着思维习惯的轨道，身不由己、心不由己地随声附和。

南宋的叶适提出"自立于己，虚受于人"，说的是在学习中既要主见，不盲从别人，又要谦虚地向别人学习。学习是一个"其智交相明，其才交相成"的取长补短、共同受益的过程。不可专于己，绝于人；亦不可受于人而绝于己。其间，重要的是以己之心统帅他人之声音，而不是人云亦云，亦步亦趋。

文本的选择虽然经过深思熟虑、精挑细选，但并不意味着它是尽善尽美、无懈可击的。文本需要追问，需要批判，需要鉴别，需要探求，否则，文本就会僵化死亡。同时，不假思索就接纳文本的大脑也会僵化糊涂，个人会被弥漫而来的文字湮没、吞噬、遮蔽，自己的头脑成为别人思想的跑马场。

在一次省级课堂教学研讨会上，一位老师上《孔子拜师》一课，其中有这样一个环节，老师提问："老子是怎么教孔子的？"一位学生说："老子毫无保留地把知识传给孔子。"老师评价道："老子真无私啊！"看到学生有点沉寂下来，她就追问："老子还会怎么教呢？"一位学生说："一丝不苟，不会觉得问题很烦。"另一位学生称："老子一字不落地教。"老师一一点头称是，又追问："还会怎么教呢？"一位学生说："一心一意地教。"还有一位同学站起来大声说："老子不会一心二用，而是毫无保留。"最后老师喜滋滋地总结道："大家都想得很好。"

课后，其他老师就这个问题展开讨论：老子的教学思想是什么呢？老子会不会一字不落地将所有的知识教给孔子呢？老子的教育教学哲学思想的精髓显而易见是：不言之教，无为之益，天下希及之。然而上课的老师一直强调，老子一丝不苟地教，孔子一字不落地学，这实在与老子的教育思想大相径庭。可是，上课的老师为什么要纠缠于老子的教学方式呢？是为了对学生进行学习态度及学习方法的教育吧！可这种"纠缠"是典型的强不知以为知。对于老子和孔子真正意义上的教与学是什么，我们不能凭主观臆断，否则就是信口雌黄。

/ 教师人文知识

教师人文知识是教师人文素养的重要组成部分，教师人文知识构成教师人文素养的基石，是教师人文素养的营养源头。教师人文知识从本质上来说是一种泛化意义上的知识，它具有知识的一般特征，同时又有一定的特质。

/ 教师人文知识内涵 /

内涵的确立往往是一个研究范式得以确立的先决条件。对教师人文知识内涵的探讨，目前学界的研究概括起来主要有"价值意义论"、"认识论"、"内容论"。"价值意义论"论者重点阐述教师人文知识是"认识者个体对于历史上所亲历的价值实践的总体反思呈现出认识者个体对于人生意义的体验"，[1] "是关于事物价值和意义的知识，是一种创造命运的艺术"。[2] "认识论"论者从人与社会主客两分的视角把教师人文知识看作是"对人与人之间关系的理论探索，能使主体自身正确或比较正确的认识社会历史领域的法则、秩

[1] 石中英.人文世界、人文知识与人文教育[J].教育理论与实践, 2001(6).

[2] 赵汀阳.知识, 命运和幸福[J].哲学研究, 2001(8).

序和规律".[1] "内容论"论者只是单纯从学科体系中进行划分,指出人文知识就是"文、史、哲、艺四个基本方面",[2] 指出了人文知识存在的形式。我们认为对于任何一个内涵的界定,都只能在特定的语境中浮现并为此语境之意义结构所赋义,教师人文知识涉及到知识的主体、来源、标准和辩护,更是集中地表达着它所处在不同时期文化语境及其内在变化。教师人文素养应该站在教育学研究的立场,从教师人文知识的历史发展轨迹研究教师人文知识的内涵。

教师人文知识的内涵 /

历史语境中的教师人文知识

教师人文知识的内涵不是现代教育者所独创的。事实上,人类在教育实践中重视人文知识的传统源远流长,东、西方两大文化源头都对其进行了较为完整的表述。而且随着社会的进步和发展,教师人文知识内涵也在不断地变化发展,它表现出一种历史性。

在中国古代文化语境里,人文知识是与天文知识相对的,一切关于人世以及人自身的知识,或者说是关乎"人道"的知识,都是人文知识。中国儒家"六经"之一的《周易·贲卦·象传》中说到:"刚柔交错,天文也。文明以止,人文也。观乎天文,以察时变;观乎人文,以化成天下。"天文是指天道自然,用于测"天文"掌握自然变化规律的知识即是自然科学知识;人文是指社会人伦,那么用于对人进行文明教化的知识即是人文知识。在中国先秦之时的教育中,就体现了这种以"人"的性情培养、人格完善为教育之先的理念。《周礼·保氏》记载周代的学校教育:"养国子以道,乃教之六艺:一曰五礼,二曰六乐,三曰五射,四曰五驭,五曰六书,六曰九数。"[3]可见,在中国传统文

---

[1] 宋芳.关于自然知识与人文知识作用的再思考[J].河南师范大学学报(哲学社会科学版),2005 (9).

[2] 洪波.人文知识与人文素质的分野[J].求索,2008(2).

[3] 清·孙诒让.周礼正义(卷二十五)[M].北京:中华书局,1987.

化中，"人文知识"的含义就是指"人之何以为人的"知识。这种知识广义上是关于人类社会的各种文化，狭义上指对人进行"人之所以为人"的道的教化所需的知识。

在西方古代文化语境里，人文知识以及人文科学是欧洲文艺复兴的"重要产品"，主要是指人性的知识，它与神性知识相对，是以人为中心，研究人之如何为人的知识。人文知识伴随着古代教育一起出现，当时人文知识便是学校知识传授的全部。古希腊和罗马时期的博雅教育倡导的是七项自由学科就是当时的全部人文学科，虽然当时着重于"理解各门学科的基本原理及其相互之间的关系"，[1]却也在相当程度上具有了现代意义上一定的人文内容。文艺复兴时期，当时的人文主义者为了将人从神的禁锢中拯救出来，对古希腊的古典学说进行了重新的诠释并试图通过人文学科的"教化"来提高人的崇高的人性。人文知识便随着这种人文教育一起产生，当时的人文教育其核心内容是指向人性、人道、博爱的人文科学，而人文知识相应地就是指这些学科覆盖之下的知识。因此，人文知识是人文教育的核心内容，狭义地说，它是指拉丁文、希腊文、古典文学知识；而广义地说，则指包含了人文主义内容和人文主义方法的学问，包括语言学、文学、哲学、史学、文艺学、社会学等等。人文教育的主要目的就是培养"纯粹的人"。所谓纯粹的人就是指人成为精神的个体，并且也这样来认识自己。由此看出，文艺复兴时期人文主义视线下的人文知识，其实是与神学相对应的。

现代语境中的教师人文知识

教师人文知识是与人生意义与价值相关的知识

教师人文知识是个体对生命体验而产生的，对有关人生意义和价值问题的叩问与理解。价值和意义问题是人类生活的核心问题，人是价值与意义的守护者。价值意义即差异，差异即可能性，人是以"此在"的方式存在于这个世界上的，人与人之间的

[1] 简明国际教育百科全书　课程[M].北京：教育科学出版社，1991：271.

差异即是人存在的价值和意义。因此，教师人文知识的核心是基于个体生命之间存在差异带来的价值和意义。教师人文知识作为对生命的情感表达，是一种表达了某种作为生命的组成部分而存在的东西的指号。狄尔泰曾发出过这样的感慨，"人们是运用各种并不适用于我们关于自然实在的知识的范畴，来理解生命所特有的特征。"[1]因此，我们就应该意识到决不能拿自然知识和社会知识来理解生命，只有人文知识才能完成对生命价值和意义无限可能的理解。

教师人文知识是有个性的知识

就知识的主体而言，教师人文知识显然是一种个体知识，它是一种个人个性化的知识。柏拉图对知识的经典性定义是"知识是经过证实的信念"。[2]在这个定义中知识被看作是一种确证了的、真实的信念。这就是说，知识得以成为知识必须满足"真理"、"相信"、"证明"这样三个基本条件。因此，如果对知识进行确证的主体是个体，那么生成知识就是个体知识；但是，对知识的确证完全是个人化的，那么这种知识就是个性知识，即"个体自我确证的真信念"。在一定意义上，我们可以说教师人文知识是有个性的知识，它也是最难与他人分享的知识。这种知识的生成于个体的内心，个体的情感、信念、行为、意欲都是知识的成分，对于个体自己来说都是真实的，这种真实性只能借助于个体的自我感受、体验以及不断的反思得到证明。

教师人文知识是诗性的知识

教师人文知识是一种充满诗性的语言知识。教师人文知识的这种强烈的情感往往包含着深刻的人文意义和理念，我们只有通过隐喻的方式将其表达出来，让人们感受到、体会到、领悟到默会情感的美，才能完全把握内在隐性和外在显性的统一。德国哲

[1] [德]威廉·狄尔泰.历史中的意义[M].艾彦等译.北京：中国城市出版社，2001：56.

[2] 陈嘉明.当代知识论中"知识的确证"问题[J].复旦学报，2003(1).

学家卡西尔更强调正是语言的诗意运用才能使语言和个体的生命活力得以持存，诗人给所有这一切增添的不仅仅是一种新的特征而且还有一种生命。[1]另一方面这种包含了"欺骗性"的表达也为理解者进行再体验、再创造留下了空白点。创作者们已存在的表达并不会完全的把自己心里脉络的精神全部表达出来，这也就为人们对其理解过程提供了某种有限的依据，并且我们对任何一种表达的解释，也会由于我们的情境变化而变化。因此，个体要诉诸艺术般的直觉、体验与想象，将内心深层的难以言说的特殊感受以隐喻的方式提炼出来。对此，狄尔泰认为诗就是对世界意义和生命价值最神秘的显现和展示，诗能把心灵从现实的重负下解放出来，激发起心灵对自身价值的认识。

教师人文知识是知识的人文化

基于自然知识的人文意义

广义的人文知识，就是基于自然知识的人文知识，它生成于当人以自然为境，反观自身之时，觉悟到人生的意义和价值之时。自然知识作为一种描述性的知识，旨在"通过一定的概念符号和数量关系反映不同层次自然界所存在的一些'事实'和'事件'"。[2]自然知识虽然以其"客观性"、"普适性"等特性标榜"价值无涉"，然而在一定程度上，自然知识也是源于人的一种认识活动，只不过这类知识与价值的关系比较隐蔽。科学知识的"人化"导源于波普尔所强调的科学知识具有的"猜测性"。波普尔在这里所说的"人化"，主要是指科学知识"作为精神产品以物化的方式存在于人们头脑之外时才显示其客观性"。[3]因而，从这个意义上讲，在科学知识产生的过程中，知识本质上都是"猜测"的，不具有任何真理性和客观性，任何科学知识都不可能被"证实"，而只能被"证伪"。如果说，波普尔对科学的人性方面的强调，直接使得科学知识

[1]　[德]恩斯特·卡西尔.人论[M].甘阳译.上海：上海译文出版社，2009：36.

[2]　石中英.知识转型与教育改革[M].北京：教育科学出版社，2001，281.

[3]　[英]波普尔.猜想与反驳[M].傅季重等译.上海：上海译文出版社，2001：206.

从"神化"的世界拉入到"人化"的世界,而卡西尔则将自然知识的人文性放置在一个更高的层面上,"科学是人的智力发展的最后一步,并且可以被看成是人类文化最高、最独特的成就……在我们现代世界中,再没有第二种力量可以与科学思想的力量匹敌。它被看成是我们全部人类活动的顶点和极致,被看成是人类的最后篇章和人的哲学的最重要的主题。"[1]在现实的科学教育中,自然知识的人文价值长期处于被遮蔽的状态,而人文知识的科学性则被无形地拔高。科学教育与科学世界的分离,不仅使我们的心灵禁锢在自然知识绝对正确的结构中,同时也减弱了对科学知识探索的"求知热情"。所以,当教师进行科学教育时,不仅具有工具性价值而且内在地蕴含人文价值,并且这是构成新时代教师人文素养所不可缺少的东西。"科学教育的人文性主要表现在理性精神和规范意识、批判精神和创新意识、公平精神与平等意识、开放精神与独立意识。为此,科学教育应有开放意识,指向科学发展的历史世界、科学源头的生活世界和科学研究的原生世界。"[2]总之,教师应十分重视科学教育人文意义所发出的召唤。

基于社会知识的人文意义

教师人文知识还来自于社会知识。社会知识是一种规范性知识,旨在借助于一定理论传统和价值立场,对"社会事实"或"社会事件"的现状与发展趋势进行系统化、类型化或模型化的分析,并得出或暗示着有关的实践建议或策略。[3]当教师以社会为境,批判地看到人生意义和价值时,可以生成基于社会知识的人文知识。社会知识从实质上来说,不是一种"普遍性"和"指示性"的概念,而是一种"文化性"和"功能

[1] [德]恩斯特·卡西尔.人论[M].甘阳译,上海:上海译文出版社,2009:286.

[2] 刘德华.论科学教育的人文价值[J].嘉应大学学报(哲学社会科学),2000(1).

[3] 石中英.知识转型与教育改革[M].北京:教育科学出版社,2001:281.

性"的概念。[1]社会知识是离人比较近的知识，社会的所有东西都是人创制来的，无疑具有人文化的特质。现实的社会教育，必须自觉地对学生在个体逐渐社会化的进程中所遭遇到的困惑给予及时的引导。社会知识是一种善的知识，然而当社会教育把个体在实践活动中对"善"中追求当作是一种内在需求时，而非外在规则所限时，社会教育就具有了很强的人文性。因此，社会教育人文意义在于应该为学生提供更广阔的自由实践的空间。首先，教师要积极的唤醒学生道德意识的觉醒，必须根植于作为主体的人的内心，而非通过对道德规范的外在讲析形成认知。其次，教师要设置具有多重价值选择的矛盾情境，让学生进行道德价值的判断，以此激发学生内在的道德情感，提高道德认知与判断能力。通过这样的培养，学生无形中增加了自我批判、自我反思、自我评价以及自我调控的能力，使他们可以在关注人生价值与反思生命意义的过程中，自主建构道德价值和体系，培养良好的社会责任感。

教师人文知识的特点 ╱

从知识与对象的关系而言，教师人文知识具有非常明显的个体性、隐喻性、多质性、反思性的特点。然而从人文知识的内在生成过程来看，教师人文知识除了具有上述的特征外，其典型特征在于时间性、隐喻性、生命性和审美性。

时间性

对于历史性存在的教师人文知识来说，时间是使其显现意义完满性的一种途径。教师人文知识存在于时间之中，它的意义随着时间的变化而异。教师人文知识是时间性的自在者，这也就意味着，教师人文知识存在于"曾在（过去）—现在—将来（未来）"这三维结构之中。教师人文知识的意义是在时间之维中展开的，时间被称为意义的过滤器和催化剂。一方面，特殊的个体在特定的历史情境中赋予了人文知识多质性的特征，唯有时间可以过滤出有意义的典型的人文知识。另一方面，随时间的推移，教师的

[1] 石中英.知识转型与教育改革[M].北京：教育科学出版社，2001：303.

生命意义得以不断的丰富，教师的生命意义就在于以其过去的曾在到现在的整个历程来筹划生命的意义。在这个意义上，教师人文知识是一种现在化了的曾在知识，它的真理和意义永远是无法穷尽的，并且只存在于曾在与现在之间的无限中介过程之中。对此，海德格尔还提出，人是以将在的存在方式而诗意的栖息于大地上的存在者，"绽出境域的时间性首要地从将来到时"。[1]因而，在某种程度上，教师人文知识也是一种将在化了的现在知识，人文知识的多质意义即是展示于曾在的有限和将在的无限之中。那么，教师对人文知识的理解也就具有了伽达默尔所阐述的"时间间距"的问题。

隐喻性

教师人文知识是自我确证的知识，是一种个人知识，这种知识具有很强的隐喻性。波兰尼曾用形象的例子表明知识性质中的默会维度：我们可以认识一个人的脸，可以在成千上万张脸中辨认出我们所认识的脸，但是通常我们却说不出我们如何认出这张脸。这就是对知识"默会性"的精辟表述，"我们所认识的多于我们所能告诉的"。[2]也就是说，教师人文知识既包括可言传的、可重复的"显性知识"，也含有大量支撑显性知识的不可言传的、不可重复的"隐形知识"存在。教师面对显性知识可以通过理性的反思过程来获得；而教师面对隐性知识却很难通过逻辑上的推理获得，只能通过教师自为的感受、体验以及感悟来获得，具有非理性的特征。此外，教师人文知识的默会性决定了教师面对人文知识时非理性获得往往通过隐喻的方式进行表达。教师人文知识生成于教师对生命的体验，在严格意义上，这种私有的或者默会的情感是无法用言语来言说的，"只可意会不能言传"。正如柏拉图在他的《第七封信》里曾感慨道：言辞不可能描摹思维所达到的层次，至高的思维超越任何文字的探求。[3]因此，教师在特定的情境中对于人生意义的经验与表达不是通过理性逻辑的推理和判断来进行的，而是通过充满诗性

[1] 王晓华.个体哲学[M].上海：上海三联书店，2002：67.

[2] [英]迈克尔·波兰尼.个人知识 [M].许泽民译，上海：上海译文出版社，2000：131.

[3] [德]卡西尔.人文科学的逻辑[M].沉晖，海平，叶舟译，北京：中国人民大学出版社，2004：192.

的想象、领悟——"隐喻"的方式来进行的，这就是教师人文知识表达的真实逻辑。

生命性

教师人文知识来源于教师对生命体验经验的表达，其归旨也是指向教师生命的发展，因而具有鲜活的生命。教师人文知识只能存在于教师的生命个体中，我们只有把握了教师人文知识的生命性才能真正的理解人的生命。卡西尔认为，艺术与历史学是我们探讨人类本性的最有力的工具，没有这两个知识的来源，我们对人的理解至多是"人性的破镜之散乱残片而已"。[1] 狄尔泰同样将"人文知识"与生命奥秘联系起来：对于各种人的理解的过程、对于诗歌作品的理解过程，以及对于文学作品的理解过程，就会成为一种探讨生命最大奥秘的方式。教师人文知识的表达是教师生命的心灵世界的变化，是看待、呈现世界的一种目光与方式。因此，只有深入到教师的历史背景和生命世界之中才能使教师人文知识的表达达到相当的程度。教师只有通过生命的表达把内心体验到的东西表现出来时，才可以为体验者深度体验提供一个桥梁。在表达中，体验者既能洞察创作者的生命世界又能认识自己的心灵。生命的表达是个体通过体验和反思而超越自身狭隘视域的结果。

审美性

教师人文知识是一种以美为取向的灵性知识。"人的心灵能力或机能可以归结为这三种不能再从一个共同根据推导出来的机能：认识能力、愉快和不愉快的情感和欲求能力。"[2] 心灵的认识能力是通过把表象经由知性联系着客体来认识的，从而产生真的或假的自然科学知识；心灵的欲求能力能使教师的心灵折服于某个道德规范从而产生善的社会道德知识；唯有情感才能真正的触动生命生成美的人文知识。所谓的"美"不是好奇心激起的认知的判断，不是理性带来的有趣推理，而是充满想象力的

[1] [德]恩斯特·卡西尔.人论[M].甘阳译.上海：上海译文出版社，2009：237.

[2] 康德.判断力批判[M].北京：人民出版社，2001：400.

趣味。对此，英国哲学家休谟就曾指出"理智传达真和伪的知识，趣味产生美与丑的及善与恶的情感。"[1]这就是说，人文知识就是一种心灵涌动的美的知识。此外，伽达默尔曾指出："艺术的万神庙并非一种自身呈现给纯粹审美意识的无时间的现时性，而是历史地实现自身的人身的人类精神的集体业绩。"[2]因此教师人文知识是处在历史的具体情境的人（此在）的感受美、发现美的知识。这种源于心灵的美的知识也是一种自我理解的知识。也就是说，教师人文知识是处在历史的具体情境的人（此在）的自我理解的知识。这种审美创造的知识，我们既可以理解为教师在美的享受中带来的心灵体验，也可以是生命体验过程中由心灵感动而生发出审美创造的知识。

教师人文知识构成

　　教师具有丰厚的人文知识是教师人文精神养成、人文素养提升和教师进行人文行为的基础和必备条件。教师人文知识的构成是一个复杂而又艰难的过程，从不同的角度可以对教师人文知识做不同的解读，目前学界提到的教师人文知识的三种观点各有其优点，也有其存在的缺陷，本书力图综合上述观点，将教师人文知识的构成分为两大方面：广博精深的知识储备和丰厚富足的文化底蕴。

广博精深的知识储备

　　教师人文知识是教师人文素养的基础和载体。教师人文知识是对于人生问题论述、表达、反思和实践的知识体系，它涵盖了文学、哲学、宗教、美学等各个不同的领域。教师人文知识的真理性在于它们能够帮助教师从日常的生活习惯、常识和程式中摆脱出来，以一种新的眼光来重新打量自己的生存状态和生存理由，并为它们提供新的、可供选择的生活方向。

68

[1]　休谟.人性论[M].关文运译.北京：商务印书馆，1980：454.

[2]　伽达默尔.真理与方法——哲学诠释学的基本特征[M].洪汉鼎译.北京：商务印书馆，2007：22.

教师的人文素养不是天生的，而是教师人文知识积累和不断内化的结果。教师人文知识是人类精神生活领域的基本知识，主要包括文学、历史、哲学、宗教和艺术等知识。而教师的工作对象决定了教师必备条件之一就是能够谈古论今、广征博引，具有良好的语言表达能力。因为许多学习者在接受教育的时候，更是把教育作为自身人文素养提高的过程。另外，许多学习者由于受生活环境和经历的影响，对教师人文知识也有广泛的涉猎，有的还非常专业。这就需要教师要通过持之以恒的积极学习，掌握丰厚的人文知识，以利于学生的沟通和交流。有调查显示，80%以上的优秀教师都有读书的兴趣，且能够及时更新自己的知识结构，优化自己的知识系统，形成自己对所得知识的理解和感悟。因此，教师必须要有丰富的人文知识。[1]教师人文知识作为教师人文素养的基本组成材料，主要由以下几个方面的内容构成：

文学

文学是美好的人生的浓缩，透过文学我们能"享受辽阔空间和漫长时间的浇灌，能感受一切高贵生命早已飘散的信号"。通过文学，我们不仅可以看到我们生活的一面，还可以看到我们生活的另一面。它让我们知道，我们其实可以以另一种方式生存。文学能把无数的智慧和美好，对比着愚昧和丑陋一起呈现给我们，使我们驰骋古今，经天纬地，使我们发现美、领略美、创造美。周作人在《人的文学》一文中，特别提出了"什么叫人的文学"，他回答就是以人道主义为本，对人生诸问题加以记录研究的文学。文学要对人有一种深切的同情心，它有两个任务：一个是正面的任务，就是要描写一种有人道的、理想的生活；另外一个是侧面的批判的任务，就是要批判非人的生活、兽性的生活。

通过文学，我们可以了解伟大的胸襟、天才的思索、优美的想象力、伟人的风格，理解伟大和鄙俗的区别，从而提升我们也有的思想、道德和精神境界。文学使我们懂得，对人的命运、人生的价值应该有终极的关怀，而不应迎合短暂的、世俗的、消费的需要。优秀的文学作品大都拥有非凡的感召力，它们是智者洞察世界、体验人生的智

[1]　谭政.论优秀教师的人文素养[J].桂林师范高等专科学校学报，2006 (6).

慧结晶，是古往今来孜孜不倦求索知识的精神先驱们呕心沥血、殚精竭虑的成果。优秀的文学作品如同血肉铸成的纪念碑，深刻而恒久地影响和昭示着后人。爱尔兰女作家伏尼契以她尖锐、沉郁又饱含激情的笔，为后人留下了牛虻这个坚守信仰、为了祖国和人民的自由独立舍生忘死、坚强不屈的革命者形象，这一形象伴随着该作品的风行而成为世界各国青年学习与效仿的楷模及倾心仰慕的英雄。牛虻诞生几十年后，俄国革命如火如荼地展开了，牛虻的精神和斗志深深感染和激励着苏联优秀共产主义战士奥斯特洛夫斯基。奥斯特洛夫斯基深受牛虻的影响，在身体残疾，双目失明的巨大打击中，在疗养院的病床上完成了他不朽的作品《钢铁是怎样炼成的》。作品中的保尔·柯察金这个疾恶如仇、爱憎分明并和牛虻一样有着钢铁般意志和大无畏精神的共产主义战士，成为所有进步青年的精神偶像。在中国，《牛虻》和《钢铁是怎样炼成的》影响了几代青年，一直到今天，保尔仍旧是中国人心目中的英雄，他们的精神早已超越了文学的范畴而成为英雄主义的象征。

文学的另一重要作用就是给人以美的熏染。蒙受文学的滋养，教师不一定是美的化身，但他可以崇拜美，以美为追求的目标。以孔子为例，《论语·先进》中有几句非常有趣的话，说的是孔子当年把他的几个学生叫过来，让他们各言其志。有的说要去做官、统帅军队或是政府，孔子都没有太多的评论。等到有个叫曾点的学生说他想要的就是在暮春的时候，穿上春天的衣服，邀约一些朋友一起去沂河洗洗澡，在岸边吹吹风，然后一起唱着歌回家，孔子听罢，"喟然叹曰：吾与点也。"我的想法与曾点一样啊！这是一种怎样的超尘脱俗、怡然自得的境界呢？这种文学中的美感，不仅使我们超脱，而且更能在无形中影响我们对人生的基本态度，甚至于塑造我们的人格，形成我们的人生价值观念。就拿陶渊明来说，他写了很多归隐田园的诗，被称为"古今隐逸诗人之宗"，而后人对他的尊重还在于他非常独立的人格。他曾做过一个县里的小官，因不愿降低自己的人格去奉迎上司而宁愿辞官不做，"不为五斗米折腰"说的就是他的故事。文学给人以美、启人以智，擢升人的境界。

历史

历史从本质上讲就是人类文明发展的轨迹。教师的历史知识除了明了历史人物、历史事件以及由此构成的历史现象、历史规律之外，主要的应该关注人在历史进程中的推动作用，关注人自身如何从蒙昧发展到文明。现实是历史的延续，现实的教育应该考虑如何使学生接续人类文明成果，如何更有力地推动历史，进而使自身走向更高层次的文明。

唐太宗说过："以史为鉴，可以知兴亡。"历史是"人类生活的行程，是人类生活的延续，是人类生活的变迁，是人类生活的传播，是有生命的东西，是活的东西，是进步的东西，是发展的东西，是周流变动的东西。"它就像一位饱经沧桑的老人，告诉我们人类成长的历程，让我们穿过时间的河流，领略过去发生的一切，透过历史舞台的一幕幕悲喜剧，认识我们是怎样从幼稚走向成熟，从蒙昧走向文明的。史学总结了国家的治乱，时代的兴衰，它给予我们的教育最直接、最真切。历史之流启发人的思想，鼓舞人的精神，增添人的智慧，可以让我们古为今用，作为现实生活的鉴戒。历史素养可以使我们厚重，使我们从容，它用前人的经验告诉我们，应该怎样，不应该怎样，它使我们明白我们从哪里来，又将走向何方。

哲学

哲学一词在古希腊文中是"爱智慧"的意思，亚里士多德认为，"人们研究哲学是为了摆脱无知"，追求"头等智慧"。中国古代文献《尚书》也说："智人则哲，能官人。"《尔雅》释"哲"："哲，智也。"以此可以看出，哲学作为智慧之学，作为人类的超越性思考，从一产生就是要给人们以智慧，帮助人们发现、追求真理，从整体上引导人们正确处理和驾驭一切，使世界和人生变得更加和谐美好。哲学是具体科学升华后的思维结晶，正如马克思所说："任何真正的哲学都是自己时代的精华"，"是文明的活的灵魂"，它一旦回融于人们的政治、经济、文化、认识的活动，就成为一种经世技术和生活艺术，能够有效地指导我们的实践。

哲学以人类的自由、解放为归宿，研究的是人类怎样对待世界、怎样对待人自身。哲学的修养给我们以智慧和启迪，它就像人类思想星空的北斗，当我们迷茫困惑时，便可以抬头与之对视，它会指引我们到达精神家园的彼岸。正如康德《实践理性批判》所说："有两种东西，我对它们的思考越是深沉和持久，它们在我心灵中唤起的惊奇和敬畏就会日新月异，不断增长，这就是我头上星空和心中的道德定律。"哲学素养能够使人的本性变得美好、和蔼和亲，使科学变得机巧幽默，使人的社会交往变得机智灵活，使人在独处时也能情趣盎然。

马克思主义哲学是时代精神的集中体现，它始终把人放在中心位置，认为理想的共产主义社会形态才能使人摆脱物的束缚，达到人的彻底解放。当我们的教育把人的解放当作理想的目标，就会正确地引导学生合理地应对现实生活中的人与自然、人与社会、人与人、人与物之间的关系。就像《荀子》所讲："君子役物，小人役于物"。君子主动地控制、去利用这个物，而小人呢，是被物所支配、控制。这个问题可以从很多层次来讨论：被物役还是去役物，这是从教育修养上来讲的，是个境界问题；在实践角度讲就是义与利的问题，在市场经济条件下，同样是追求经济利益，是不择手段的见利忘义，还是遵纪守法、公平竞争，这就是道德人格，进一步提高到理论上来讨论，就是天理与人欲的问题，是"灭天理，存人欲"，是二者和谐共生的问题，说到底，是人的品性和境界的问题。

美学

艺术素养是人文素养的重要组成部分，往往也是创造力的源泉。如果说哲学是人文的核心，那么意识则是人文的外在表现。"世界上任何民族，不论生活多么艰难，都不会把全部时间和精力用于食宿。"[1]任何一个社会中，都存在着具有比物质生存目的更高的人类行为——艺术活动。人们对物质、运动、声音等进行想象加工，并以此来表达情感和提供精神娱乐。人类的一切活动都可以通过某种形式而具有美学价值，"如果没有最起码的一些给人以美的享受的说书、音乐和舞蹈，那么，世界上也就没有文化。"[2]美就是人们对现实生活的艺术化，也是对自身经历的淘滤。爱美是人的天性，现代人更是十分自觉地创造美、欣赏美。人们创作艺术作品、美化生活环境、美化自身都表达了对美的不懈追求。教育中的审美教育，就是让学生与世俗人生保持适度

72

[1] [美]弗朗兹·博厄斯.原始艺术[M].上海：上海文艺出版社，1989：1.

[2] [美]威廉·A 哈维兰.当代人类学[M].上海：上海人民出版社，1987：528.

距离，生活得有情致、有韵味、有活力、有光彩、有品位、有价值。

1750年德国学者鲍姆加登第一次使用"美学"这个术语，并把美学看作哲学体系的一个组成部分。随后康德、黑格尔等赋予美学以更进一步的系统的理论形态。柏拉图的《文艺对话集》、黑格尔的《美学》、李泽厚的《美的历程》等，都能让我们初获美学方面的知识。康德在《判断力批判》中给美下了定义，其中很重要的一条，就是美应该具有"无目的的和目的性"。在康德看来，美的事物在审美的观照之中是没有实用目的的，也就是说，审美的态度是一种非功利的，没有任何实际利害考虑的观念。蔡元培先生提倡"以美育代宗教"，就在于美的学习如沐春风，可以在非功利性的目的中，陶冶人的性情，培养人的品德。

书海泛舟 提升品质[1]

教师究竟该读什么书，该怎样读书，才能增长教师的职业智慧，丰富教师的内心情感，提升教师的生活品位？

第一，书海茫茫，慎在选择

面对茫茫书海，教师要谨慎选择。教育名著是经过历史反复验证，经过时代淘汰而依然闪光的书，教师阅读教育名著可从名家大师的书中得到正确的知识，汲收大学者治学的精神和方法。中国的孔子、韩愈、朱熹、陶行知等教育家的著作，还有卢梭的《爱弥尔论教育》，苏霍姆林斯基的《给教师的建议》、《与教师的谈话》，加德纳的《多元智能》，联合国教科文组织编写的《学会生存》等教育名著，都值得教师们去研读。教师通过教育名著的阅读，理解和掌握一种教育思想，让教师的教育教学行为有理有据、有章可循，避免盲目行事和生搬硬套。当今在教育界影响较大的理论书籍也可成为教师的阅读内容，比如朱永新的《我的教育理想》、《新教育之梦》，袁振国的《教育新理念》，李镇西的《教育是心灵艺术》、《爱心与教育》，肖川的《教育的理想与信念》等都能开启教师的智慧。

第二，时光匆匆，善于利用

教师读书不是没时间，而是没有养成一种习惯。教师不同于一般的上班族，在读书的

[1] 刘芳.书海泛舟 提升品质[J].今日教育，2005 (6) .

时间安排上，比其他人更有优势，可以利用寒暑假近三个月的时间，集中读书，就算一个月读一本，也能细读三本书。除此而外，教师每天可以安排固定的读书时间。比如睡前阅读半小时或一小时，这样持之以恒，形成习惯，把读书变成一种心灵的慰藉，知识的积累也会聚沙成塔。如果教师们能够利用一切可以利用的时间，持续不断地读书，我们教师的内心世界就更丰富，精神生活就更充实，人生就更有意义。

第三，读有所得，重在方法

教师读书是一种准备，一是提高自身的素质，二为更好地促进学生发展。所以教师读书不能只凭兴趣，到头来无所归宿。教师读书要抱着成就一种学问的态度，要有中心、有系统地读书。比如教师要研究"校本课程开发"，他就得留心收集关于"校本课程开发"的理论著作、报刊、杂志、网上发表的相关文章，进行专题阅读。同时要借助于笔记和卡片，将读过的书分门别类记下读书笔记，制成读书卡片，以备随时翻阅、查找，温故而新知。

"好书不厌百回读，熟读深思子自知。"朱光潜在谈到读书方法时说，凡值得读的书，至少须读两遍，第一遍须快读，着眼在了解全篇宏旨与特色。第二遍须慢读，须以批评态度衡量书的内容。第三遍可谓精读，有些章节可以跳过去，书中重点章节可能要看好几遍，并作上批注，逼得自己读得仔细，加深印象，激励思考，细细品味，必定会有一种新的体验，并享受阅读的快乐。

"腹有诗书气自华。"在构建学习型社会，营造书香校园的今天，盼望我们的教师书香味浓，书卷气浓。让书籍成为教师进步的阶梯，让读书成为教师的一种生活习惯。

丰富厚重的文化底蕴

教师人文素养横向上由广博精深的人文知识构成，纵向上还需要文化底蕴的丰厚。当今信息时代要求教师具有通识型特质，不仅要有系统精深的学科专业知识、教育专业知识，本身还必须积累广博的人文知识，养成高尚的人文精神。专业知识是教师的根本，人文知识和人文精神则是其灵魂，是教师人格力量和教育力量的展现，是教师产生向心力和凝聚力的重要手段。教师在掌握专业知识的同时，对人类文化的各个领域如文学、历史、地理、伦理、哲学、艺术等广泛涉猎，积累丰厚的人文知识，并融会贯通，逐渐内化成自己对生命、生活、历史、社会的独特理解、感悟和信念，不仅可以开阔视野，提高人文素养，还可以充分发挥人文教育功能，在教学中旁征博引，综合运用，使学生充分感受人文精神的熏陶，达到教书育人的最高境界。

一位优秀的教师，一定是文化底蕴深厚的教师，一个文化底蕴深厚的教师，一定是富有人文修养的教师。只有提高自己的人文素养，教师才可能从教书匠成长为能师、经师乃至人师。而要提高自己的人文素养，教师就必须善于读书，学会学习，与时俱进，要养成终身学习的习惯。

学习是现代人的第一需要，是每位教师的人生必修课。从某种角度说，学会读书和学习已经成为现代人的生存和发展基础。只有学会读书和学习，我们才能提高自身的文化底蕴。没有学习，就没有教师的成长；不吸收在几千年的历史中人类创造和积累的文化财富，教师就无法在教学和管理活动中做到从容不迫、游刃有余、把握有度；不汲取人类几千年积累的智慧和道德理念，就无法抵御物欲和声色的诱惑，远离浮躁的心态、宁静致远；教师也无法在现实的、繁重的日常教育生活中保持冷静和克制，把握教育的契机。因此教师要学会学习和读书，在博览群书中思考、积累，丰富自己的知识和思想，拓宽文化的视野，提升思想的高度，加强思维的深度和广度。教师尤其要阅读经典，与人类的思想家、教育家对话，学习他们的研究成果，提高文化素养，尤其要提高人文素养，并在此基础上培养科学精神，这是教师的教育思想和智慧形成、发展的基础，也是教师成长的必备条件。在一定意义上说，教育思想和智慧的形成，就是教师跨越东西方文化经典所构成的桥梁的过程。在我国，作为一个优秀的教师，一定要在汲取西方文化的科学精神、民主精神、讲求实证精神的基础上，重视中华优秀传统文化的学习，背靠五千年博大精深的中华文化，从中汲取营养，学会思考和拿来。唯其如此，教师才能远离平庸和浮躁，才能真正成长起来，成为学生心理健康的维护者，精神生活的指导者，让学校和教师的管理更有效，教育更成功、更有智慧、更加人性化。

阅读经典提升教师人文底蕴

语文要回到自己的位置上去，必须抓住人文教育的核心。人文教育是以人为本的教育，以震撼人的灵魂为出发点和归宿，是一种精神的再造。那么这种精神的再造，如何进行呢?朱永新先生认为:"一个人精神的发展史，就是他的阅读史。"通常一个人只有几十年的阅历，很狭小的生活空间，很难支撑人精神世界的大厦，因此，必须借助阅读来丰富心灵，提升精神品格。阅读什么? 当然是阅读经典。阅读经典是我们涵养人文的最佳途径。

第一，促使功利阅读向经典阅读转化

功利阅读的目的一是放松，二是考试。但是经典阅读却可以优化人的心灵。通过对人的智慧高峰的攀登，对人类文化珍果的品尝，可以帮助学生扩展心灵，提升心灵，充盈心灵，成为精神丰富的人。回归经典阅读，关键在于教师引导。老师一定要制定具体的经典作品阅读书目，和更为详尽的阅读计划。同时开设阅读指导课程，介绍文学流派，走进大师生平，赏析精彩片段等，为学生阅读提供方法。

第二，从兴趣阅读向意志阅读转化

兴趣是最好的老师，也是促使学生阅读的最大保证。但兴趣阅读常常是随意的、片面的、情绪化的;而一些真正有意义、有价值的经典作品，学生却不一定有兴趣。由此看来，阅读仅仅靠兴趣来支撑，不但不长久，而且也难以取得良好的成效。因此，教师的阅读指导，不能完全迁就学生的兴趣，而应该在激发兴趣的同时，注重阅读意志的培养和磨炼，促使学生从兴趣阅读向意志阅读攀升。而要做到这一点，教师势必要开动脑筋。首先，通过分解目标导引，加强阅读的定向作用，以此强化学生阅读的动力。其次，是强化阅读的成功体验。经常开展读书节、报告会、名篇荐评等活动。一方面检测学生的阅读成效，另一方面就是深化学生阅读的成功体验。成功的体验总是幸福的，而这种幸福，不仅大大消减阅读过程的艰辛，甚至有可能演变成阅读的乐趣。

第三，从学生阅读向师生同读转化

阅读是教师的立身之本，只有爱读书的老师，课堂上才能左右逢源，如鱼得水;只有爱读书的老师，才能体验阅读的甘苦，才能和学生产生心灵的共鸣! 模仿央视的"同一首歌"，我们也开辟了一个版块——"同一本书"，每隔一段时间，师生都要同读一本书。教师力争与学生有相似的天真，相似的梦想，当然作为学生阅读的领路人，教师还要多读经典名著的评论文章，指导学生，当好学生的引路人。同时还要和学生及时沟通，进行心灵对话，交流阅读经验，分享阅读成果，必要时还可仿照央视的"对话"栏目，开展对经典名著的研讨、交锋、辩论。为了活跃气氛，在节假日，要有意识地播放一些经典老片，开展影展、影评等新颖的活动，来辅助经典作品的阅读。

/ 教师人文知识的教育学意义与操作建议 /

　　教师人文知识是教师人文素养形成和发展的基础，教师的人文知识决定了教师教学的深度和欢迎程度，教师在人文知识教学中具有独特的教学意义和教学方法。

教师人文知识施教的条件 /

教师个人经验的独特性

　　教师丰富的生活经验能够创造性地促进学生对人文知识的理解，并正确的理解自己。教师生活经验的丰富性是教师人文知识教学的基础条件。一个教师的生活经验越丰富就越能够将其运用于对人文知识理解的过程中，将自己的生活经验与教学的理论知识相联系。人文知识作为教学内容是以语言符号的形式呈现在学生面前的，教师运用自己的想象去引导学生将这种语言符号形式转化为鲜活的形象世界。而这种想象就来自于教师的生活经验。教师人文知识的教学不需要教师给予正确的、规范性的、概括性的解释说明，而是一种创造性的自我理解。教师在教学过程中不需要剔除生活中的经验成分以上升为观念、体系和规律，而是利用在生活经验中形成的独特视域呈现给学生独特的对于人文知识的自我理解。因此，教师一方面要尽可能地去体验丰富多彩的生活，一方面要尽可能多地阅读人文经典的著作，在与历史经验的接触中丰富自己的生活经验。经验是体验的基础，而体验是经验的一种超越。教师运用自己的生活经验能够促进学生积极的体验生活从而强化学生对人生意义的感受和体悟。因此，教师生活经验的丰富性是促进学生体验学习发生的重要条件。在人文知识教学过程中，教师经常要使自己的生活经验形成的"视域"去促进学生个体生活经验和人文知

77

识所包含的历史经验相互融合，各种不同经验的融合，自然可以打开学生的视域，让学生在各种不同的视域中，加强对人文知识内涵的理解，势必会体悟出更多关于人生的意义。伽达默尔曾指出，"不是否定解释者自身视野的特殊性开始，而恰恰是要依赖其视野，最大限度地容纳所能感知到的解释对象的境界。"[1]

善为师者如琢如磨[2]

程鸿勋，北京市首批中学高级物理教师。为了提高课题教学水平，他侧重搞好三个环节：引课、讲解和巩固练习。他认为搞好三个环节不在环节本身，而是在"两个钻研"，即在钻研教材和钻研学生上下功夫。程老师十分重视自己的教案，总是在头一天，无论多晚都要把教案写好、整理好。骑车上班时，他总是骑得很慢，把教案夹在车把前，对照它进行反复思考，明确目标，突出重点，搞好过渡，形成整体，自然巧妙地解决好难点，一些重要段落甚至要默讲出来，讲课时尽量脱稿进行。还要考虑如何启发学生，如何调动学生的积极性等等。讲完课回到办公室，程老师做的第一件事就是在教案上勾勾画画、圈圈点点，把自己感觉好的或学生说得好的地方及时肯定下来，把需要改进的地方记录下来，变动较大时干脆就把教案重新写一遍。程老师在不断钻研教学的同时，还系统学习了中外古代教学史，对中外古代教育学家的教育思想、教育原则和方法等做了较为深入的研究。

通过对大量学生学习状况的调查，并结合自己的学习经验进行研究，程老师总结出一套"阶梯式学习法"，为了顾及班内不同程度的学生，他把学习的各个环节，知识、能力及品德等方面都具体地分成成长的层次，就好像给不同程度的学生都铺上了成长的阶梯。程老师在教学活动中十分注重培育、发挥学生的创造性、主动性和积极性，给予学生宽广的空间发展自己的个性和特长。

教学情境的独特性

教学情境主要是历史和生活的一个截面，它是流动的，教育情境既支持教育何以

[1] [德]伽达默尔.哲学解释学[M].夏正平等译.上海：上海译文出版社，2004：16.

[2] 吴志功.教师职业道德案例选析[M].北京：北京师范大学出版社，2002：49-51.

发生的可能性，又限制教育发生和发展的方向。在人文知识教学中，我们必须依据不同的学习主体以及人文知识的特性创设一个独特的教学情境。教学情境是教学过程中属于师生的主观经验的"情"与属于教学客观条件的"境"两者结合的一种最佳的教学艺术境界。唐代诗人王昌龄在《诗格》中把"情境"解释为"境"与"意"的关系，娱乐愁怨，皆张于意而处于身。然后驰思，深得其情。这里的"意"即是教学主体在教学过程中表现出来的感受、体验和情感。人文知识的教学情境更离不开"取意"。人文知识蕴含了丰富的情感因素，在人文知识学习中，我们只有创设富有情感的情境，才能唤醒学生的情绪和想象，使得学生能"入境生情"，"情随境移"，在"情境交融"中进行积极的情感体验。创设人文知识教学的情境就是要用"情"去感染学生的心灵，让学生走进课本，感受探索的乐趣，体验丰富的人生，让创作者的情怀与学生产生情感共鸣。人文知识的教学情境以"美"陶冶着学生的情操。在人文知识教学过程中，师生的情感不是普通的喜怒哀乐，而是经过升华后的审美情感。只有这样才能激起教学主体对美的不懈追求。无形中催生了教学主体对人文知识美感的领悟。此外，人文知识教学情境的独特性还在于其审美特性。人文知识的教学情境要始终都渗透着审美情感，在无形中也催生师生对审美创造的追求。"美"的教学情境能生动形象地向学生展示美的人、美的感受、美的体验，最终生成美的情操。人文知识情境的审美性，使得学生在赏心悦目中接受教学美的熏陶。只有这样的情境才能提供一个激发学生学习人文知识的动力，使学生产生强烈的学习意向性。只有创设这样的情境中伽达默尔所称的"各种视域"的融合才能成为可能。人文知识的教学情境，以"思"启迪着学生对生命的感悟。在人文知识教学情境的创设中，教师必须留给学生一定的反思空间，让学生在反思中生成对生命意义的体悟，同时使得感悟力、想象力和创造力的不断发展。人文知识教学情境的独特性在于情境必须向学生凸显出其不熟悉的一面。因为"我们只有通过熟悉的语境才能接近不熟悉的事物"。[1]教师在创设人文知识教学

[1] [美]肖恩·加拉格尔.解释学与教育[M].张光陆译.上海：华东师范大学出版社，2009：101.

情境时，必须基于人文知识的历史视域、教师对人文知识理解的视域、学生对人文知识理解的视域三者之间的融合与张力。只有在这个特殊的不熟悉的情境中，各种视域才能产生融合的可能，三种视域之间的不熟悉绝不是没有意义的融合，而是为学生学习人文知识提供了可能性的条件。一方面，在多种视域融合中，学生可以对人文知识的历史情境进行一个尝试性的复原，学生在感受历史文化的同时受到情感的熏陶，提高了人文素养。另一方面，学生能在不同的情境中通过自己的体验、感悟，生成不同的新的人文知识，并促进自我的深层理解。

教学过程的生成性

人文知识教学的过程就是教师将对于人文知识的理解做一个解释的过程。而在伽达默尔看来，解释总是生成的、富有创造性的。教学过程的生成性并不是教师对教学过程控制的结果，而是教学三大因素的各自提升，即教学主体的情感升华、教学情境的拓宽以及教学内容的意义深化，生成是教学过程中一个普遍的现象。然而人文知识教学过程却赋予了三大要素以"独特性"的内容。

人文知识教学情境具有一定的拓宽性。人文知识是处在历史的具体情境的人（此在）的自我理解的知识。因此，教师对人文知识的教学促进必须基于一个动态的、不断生成的情境，否则人文知识的学习将不会发生。人文知识虽然是历史传统的一部分，但是学生的理解都必须面对引导解释不断变化的历史情境，也就是说，人文知识权威的教学情境能够被新的学习过程所改变。人文知识具有多质性特征。这就决定了人文知识在其教学过程中需要经常回溯已经学过的教学内容并对其进行重新解释以获得更多更深的意义。即使对于相同的一个问题，由于历史情境的不同也会产生对它的解读有完全不同的体验结果。每一次理解相对于后来理解的深刻性都可以说不是完善的理解，在理解时既要考虑到历史的实在情境也要设想到未来的情境创设。因此，在人文知识教学过程中，我们要获得对人文知识意义的不断深化，就必须不断地拓宽人文知识的教学情境，在动态的情境中生产教学主体对人文知识的独特理解。按照伽达默尔的观点，在解释者和被解释者之间存在着对理解产生重要影响的间距化。"艺术作品只有当被表现、被理解和被解释的时候，才具有意义，艺术作品只有在被表现、被理解和被解释时，它的意义才得以实现"。[1]人文知识教学过程中，教学主体的生成性主要指教学主体通过文本之间的关系、自我的理解和教师的关系达致一种精神升华。人文知识的教学就是要为彰显人的可能性提供一个相遇的场域。在海德格尔看来，人的"此在"就是理解，人不仅要在理解中去认识，还要在理解中去相遇。马丁·布伯说："教育的目的非是告知后人存在什么或必会存在什么，而是晓谕他们如何让精神充盈人生，如何与'你'相遇"。[2]在人文知识教学中，教师通过知识教学在促进学生成长的同时，生成自己的生命意义，而学生则通过学习的过程来生成自我对人生的感悟。师生彼此在教学过程中此在着相遇，这种相遇不仅仅是知识的获得，更多的还包含着思想的渗透、情感的倾注、灵性的唤醒以及精神升华。我们不能将人文知识的教学目标放置于把文本意义视为唯一，人文知识的意义存在于教学主体与文本的双向建构之中，这是一种动态的生成过程。此外，在人文知识教学中，教师要勇于放弃自己的成见，把熟悉的教学情境和自己生活经验"陌生化"，以获得学生的惊奇和满足感，从中体验到学习人文知识的乐趣，其实这就是人文知识教学过程的诗性智慧的生成。

在人文知识教学中，教学内容的意义具有超越性。在人文知识教学过程中，作为教学内容的人文知识其意义总是超越它的创作者。教师、学生以及作为教学内容的人文知识三者之间的相互理解的时间间距使得教学内容的生成得以可能。不管是解释者狭隘的主观性或者创作者的主观意图都不能绝对统治解释。这两者中主观性所产生的距离让新的意义出现成为可能。"解释的生成性介于纯粹的无中生有的创造性和完全的再现之间"。[3]在人文知识教学中，教师和学生对人文知识意义的理解并不是简单的重复和复制作者的原意，而是不断地产生新的意义的过程。在一定意义上，教师对人文知识的理解给学生的理解打开了多种可能性，而学生的理解视域在一定程度上也能启发老师获得意想不到的理解。因此，"时间间距并不是必须要克服的事

[1]　[德]伽达默尔.真理与方法——哲学诠释学的基本特征[M].洪汉鼎译.北京：商务印书馆，2007：序言 6.

[2]　[德]马丁·布伯.我与你[M].陈维刚译.上海：生活·读书·新知三联书店，1986：60-61.

[3]　[美]肖恩·加拉格尔.解释学与教育[M].张光陆译.上海：华东师范大学出版社，2009：106.

情……实际上，重要的是把时间距离看作让理解能够进行肯定的和生成性的条件"。

当然，在伽达默尔看来，师生对人文知识理解的生成未必就暗示着"更好的"意义，也就是说生成未必是好的。在教学过程中，我们必须在对人文教学的过程中把握好理解与创造之间的"正确的位置"，就是说，我们在对人文知识教学内容进行创造性的解释时，这种创造性并不是完全把握作者原意的创造，也不是完全抛弃原意论强调自主的随意创造，而是要在这两者之间找到一个中间点。"每个时代都必须以自己的方式理解被传递的文本，因为文本属于整个传统，其内容引起了时代的兴趣，在传统中，文本尝试理解自己。文本的真正意义，正如它对解释者诉说的那样，并不依靠作者和他最初的读者的偶然联系。它当然不等同于它们，因为它们总是由解释者的历史情境和客观的历史进程的全部所共同决定……但是这具有根本的重要性。文本的意义，不仅仅是偶尔而是经常超越作者。这就是为什么理解不仅仅是一个再现而是一个生成的活动"。[1]

教学方式的个性化

黑格尔曾经说："手段是一个比外在合目的性的有限目的更高的东西；犁是比由犁所造成的、作为目的的、直接的享受更尊贵些。工具保存下来，而直接的享受则会消逝并忘却。"[2]很显然，虽然由方法造成的东西可能消逝，但是方法却永存，方法比一些结论更重要。人文知识作为艺术或审美经验的表达形式，在教学中，我们不能用自然科学的方法对其进行确证。伽达默尔所开创的哲学解释学指出，"在现代科学范围内抵制对科学方法的普遍要求"，"在经验所及并且可以追问其合法性的一切地方，去探询那种超出科学方法论控制范围的对真理的经验。"[3]

---

[1] [美]肖恩·加拉格尔.解释学与教育[M].张光陆译,上海:华东师范大学出版社,2009:110.

[2] [德]黑格尔.逻辑学(下)[M].北京:商务印书馆,1982:438.

[3] [德]伽达默尔.真理与方法——哲学诠释学的基本特征[M].洪汉鼎译,北京:商务印书馆,2007:序言 4.

人文知识教学最忌"灌输"或"绝对化"，因为灌输或绝对化阻碍了自由思考的空间和个体经验参与的道路，使与存在经验密切关联的人文知识变成一个个僵化的"结论"、"命题"或"教条"，最终彻底地毁灭了人文教育。[1]人文知识的教学是一门艺术，要受到教育价值观、个人需要，以及真正为教学主体所持有的各种信念和判断的指引。但是人文知识教学方法的创造性主要还是离不开教学文本的特性以及教学主体的信念这两个主要方面。

根据人文知识的特性选择创造性的教学方法。好的方法不一定适合，只有适合的方法才具有创造性。人文知识教学方法的创造性并不是意指所谓的"好"的、"新颖"的、"主流"的教学方法，而是依据人文知识的特性以及教师对于人文知识教学内容的理解而创设的"合适的"教学方法。人文知识的"个体性"、"生命性"、"差异性"等特性决定了人文知识教学方法必须具有创造性。这种创造性就是在于教师要读懂正在出现的特质，并作出特定的恰当的反应，以把课堂活动的进展导向为要寻求的结果或他们希望学生采纳的方向。在这个过程中，质性判断是为了有助于达到质性结果。人文知识是灵活性较高的知识，人文知识的教学最终获得具有创造性的知识取决于学生个体。既然每个学生最终获得对人生意义的感悟常常创生于过程之中，那么人文知识的教学方式也就不尽相同。显然，人文知识的创造性就决定了人文知识教学方式的创造性。主体可以通过不同的方式对人文知识进行理解。作为教学内容的人文知识，其文本的意义倾向一般也是远远地超出它的原作者曾经具有的意图。理解的任务首先是注意文本自身的意义。"理解的每一次实现都可能被认为是被理解东西的一种历史的可能性，我们此在的历史有限性在于，我们自己意识到在我们之后别人将以不同的方式去理解。"[2]因此，人文知识教学如果只强调这种单一教学模式的运用，就会使教学沦为一套规则系统。

教师人文知识

[1] 石中英.知识转型与教育改革[M].北京：教育科学出版社，2001：315.

[2] [德]伽达默尔.真理与方法——哲学诠释学的基本特征[M].洪汉鼎译，北京：商务印书馆，2007：485.

帕夫雷什中学的数学课[1]

帕夫雷什中学的教师阿里辛柯和雷萨克这样上数学课。在解答应用题的时候，他们所教的班分成了好几组。

第一组是学习最好的儿童，他们无需任何帮助就能很容易地解出任何应用题；其中还有一两个学生能够即席口头解答，不需要做书面作业；教师刚刚读完条件，学生就举手要求回答。应当给这些学生的智慧以力所能及的、但并轻松的、要求紧张地动脑的工作；有时候，需要给学生布置使他们不能独立地解答出来的习题，但是教师给予的帮助只能是以稍加指点和提示为限。

第二组里是一些勤奋努力的学生，他们能很好地完成作业，适合进行一定程度的进展的脑力劳动。教师们常说，这一部分学生是靠付出劳动和用功学习而取胜的，他们能顺利地学习，是因为他们勤奋用功和坚持不懈。

第三组学生能在没有帮助的情况下完成中等难度的习题，但是对复杂的习题则有时解答不出。在他们做作业的过程中，对这些学生的帮助要有高度的教育技巧。

第四组学生对应用题的理解很慢，解答也很慢。他们在一节课上所能完成的作业，要比第二组、第三组学生所做的少一半到三分之二，但是教师无论如何不要催促他们。

第五组是个别的学生，他们完全没有能力应付中等难度的习题。教师要为他们专门另选一些题目，始终只能指望他们在一节课上有所进步，哪怕一点点进步也好。

这些组的学生并不是停滞不动、凝固不变的，凡是给人以成功的乐趣的脑力劳动，总是会收到发展学生能力的结果的。

教师人文知识教学的方式 /

人文知识的教学必须是一种唤醒式的教学。海德格尔就曾断言，当代的人文知识已经不具有根基。因此，从根本上说人文知识已经不具有可教性，但是不具有可教性并不代表教师就不能教，只是教师要转变教的方式。所以，对于人文知识，我们不能像

[1] [苏]苏霍姆林斯基.给教师的建议[M].杜殿坤译.北京：教育科学出版社，1984：4.

传授自然科学知识那样注重讲解，像社会知识注重实践，只能艺术化、诗性化地对其进行一种唤醒式的教育一样。

移情体验式教学

所谓移情体验就是一个人通过移情改变对移情对象的认识和情感，或生成新的认识和情感。情感是一个人最本真的存在，任何外在的东西在情感面前只有获得"自我的意识"才会变得有意义。因此，"移情体验式教学"包含的前提就是"教学主体对人文知识中艺术形象的情感反应只能是一种非强迫性的过程"。也就是说，移情体验式教学并不是真正的教给学生"情感"，而是诱导学生情感的迁移，在一定意义上学生的情感体验其实是自主参与的过程。

教师创设一个安全、自由的学习环境

罗杰斯曾在非指导性教学中认为，他并不能完全将任何知识都传授给学生，但是他能够给学生提供一个促使他们学习的环境。这个学习环境就是"心理自由"和"心理安全"的环境。[1]心理自由的环境是指创设一个"允许个人有符号表达的自由空间"，它不受传统束缚，不屈服于权威的气氛。心理安全的环境指的是建立一种"无条件的接纳别人，提供没有外在评价的气氛"。罗杰斯认为，上述环境能使学生形成下列特征：学生能够自由地表达自己的感情；以不寻常的方式来运用他的思维与想象，采用自我评价。只有在这个环境中，教师才能更加地了解学生，设身处地，感同身受地体察、理解学生的情感体验和内心感受，形成移情沟通的气氛，以培养学生的自我导向。

教师要善于选择恰当的"启情点"

只有"启情点"的激发，学生才能在充满感情的教学氛围中，有种身临其境的感

[1] 陈琦，刘儒德.教育心理学[M].北京：高等教育出版社，2005：180.

觉，通过情感迁移而获得与人文知识表达情感的共鸣，体验到情感的熏陶，生成对人生意义的理解。

<h3 align="center">导读的艺术^[1]</h3>

在教完《最后一课》离下课还有几分钟时，钱梦龙提出这样一个话题："我跟小说里韩麦尔先生一样，都是教本国语言的，你们猜猜看，我读了小说会有什么感想？"同学们纷纷猜测，虽然猜测的内容各不相同，但却言之有理。一名同学说："我想您会为自己的工作感到自豪，因为您教的是我们祖国的语言，它也像法国的语言一样——最明白、最准确。"钱梦龙接着告诉学生：我们祖国的语言是世界上最富有表现力的语言之一，他说："我从学生发亮的眼睛中观察到，我的强烈的自豪感也使他们真正动了感情……"

基于不同学生的"先见"不同，在产生"感情共鸣"的同时，也有可能有"感情争鸣"。教师一方面要重视"共鸣"产生的情感效应，让学生充分在效应场中发挥想象和联想，积极促进情感体验；另一方面，教师还要重视个体的独特感受，倾听他的不同"争鸣"，积极引导学生赋予人文知识丰富的意义。因此，人文知识教学的情感体验要在学习者的不同视域的碰撞中生成。

教师要善于引导学生移情

人文知识的学习主体只有将自己的情感释放出来，才能获得真正的人文知识价值和意义。人文知识具有的生命性虽然能够唤醒学生的情绪以及美感，严格地说人文知识所提供的任何刺激信息本身都只能是他在的东西，真正的情感和意义只存在于具有高度的解读能力或者解读能力得以充分释放的主体心灵及其感悟之中。因为对于没有学习能力的人来说，即使负载着"好的道理"的作品也难以实现其意义和价值。这就是说，解读对象提供的刺激信息只是特定情感指向的被认同的载体，而不是

86

---

[1] 钱梦龙.导读的艺术[M].北京：人民教育出版社，2000：73.

这种情感指向本身。"[1]

因此，在人文知识学习中，学习主体要善于移情，而教师更要能够用自己成熟稳定的情感带动学生情感的迁移。教师应该适时审视学生的情感状态，"教师作为成熟的个体，其情感也相对成熟和稳定，各种高级情感，诸如道德感、理智感和审美感都达到相当水平。这对教师在教学活动的重要情感地位上发挥积极作用提供了现实的可能性"。[2]

教师给予充满感情的评价

教师充满感情的评语愈丰富、愈诚挚、愈强烈，那么他对于唤醒学生内心情感和学习兴趣的作用就越大，便愈能够引导学生的情感体验。例如：学习泰戈尔的《金色花》时，有位教师让学生讲讲自己在哪些生活细节中体验到了母爱，一位高高大大的男生发言说："有一天过马路的时候，我无意间拉起了妈妈的手，发现妈妈的手已经不那么柔软细滑，而是变得很粗糙。我心里觉得涩涩的，一下子懂得了母亲，懂得了母亲为我是多么操劳。"教师评价说："老师也感动了，没想到你在粗犷的男子汉外表下有这样一颗细腻敏感的心。"[3]一句富有深情的评价，不仅撞击了学生们的心灵，还调动了他们的学习情绪，自然会换来积极的情感体验。

细节创造式教学

人文知识的教学活动是由一个个细节构成的。成功的教学离不开教学细节的创造。成功的教学，必定是由关注细节的教师对细节进行创造性教学的结果。在人文知识教学中，教师通过精心备课，捕捉课堂教学活动中的瞬间细节、通过想象性创造细节知识以及对教学细节的反思等方面来生成教学细节的创造性。

[1] 曹明海.语文教学解释学[M].济南：山东人民出版社，2007：116.

[2] 卢家楣.情感教学心理学[M].上海：上海教育出版社，2001：71.

[3] 曹明海.语文教育观新建构[M].济南：山东人民出版社，2007：211.

教师要在备课时精心的准备教材，在捕捉教材内容的细节中凸显文本的意义，这是细节教学的前提

人文知识的艺术形象是从有特点的"细节"开始的。创作者在创作好的作品时，不可能将生活中所有的细节付诸笔端，只能是抓住一些有特色的"细节"将自己的情感转化为艺术化的形象。教师只有不断地挖掘教学内容，才能捕捉到凸显艺术形象的"细节"，才能促成学生在整体把握文本意义的基础上对艺术形象进行升华。

《落花生》课文教学示例[1]

文中有这么一句话："那晚上天色不太好，父亲也来了，实在很难得。"好多教师在备课时不太注意这句话，而我在备课时对这句话反复把玩，觉得意味无穷。不信你看：父亲回家是十分难得的，一年大约回家有限的几次，为什么今天回来了呢？天色不太好，父亲为什么还坚持要回家呢？父亲回家仅仅是吃新花生吗？父亲工作繁忙，在百忙之中回家不仅仅是吃新花生，那一定有比吃花生更重要的事？那是什么呢？就是借花生教育子女做落花生那样虽然不好看，但是对社会有用的人。孙双金老师抓住这一细节句反复追问，文章的主旨不就浮出水面了吗？

细节虽然是对象的局部，但有特点的细节就能以局部更好地凸显整体的意蕴。教师在备课时充分地关注细节，不断挖掘教学内容的价值和意义，才能在人文知识教学中更好地促进学生对细节知识的想象性创造。

教师引导学生在欣赏细节知识的同时，对其进行想象性创造

人文知识是以艺术形象展示给我们欣赏的，学生仅仅抓住字面的理解是不够的。教师要引导学生在欣赏显现部分的同时，还要想象创作者隐藏的东西。在一定程度上，创造者从原始的石块中去掉的多余的东西比呈现的东西更能表达其质的情感。

---

[1] 周成平.中国著名特级教师课堂魅力经典解读[M].南京：江苏人民出版，2006：205.

俄国作家契诃夫曾描述怎样写作[1]

描写风景的时候，应该抓住精微的细节，把它们组织起来，让人们看见那画面。比如说，要是你这样写：在磨坊的堤坝上，有一个破瓶子的碎片闪闪发光，像明亮的星星一样，一只狗或一只狼的影子，像球似的滚过去等等。你就写出了月夜。

这里的手法，首先是最亮的一点，一个堤坝相比小的不成比例的破玻璃瓶子的碎片，很亮，亮的像老远就可以看到的星星。还有最不亮的一点，狗或狼的影子。表面上看来这二者互不相容，但实际上却是统一的。如果月亮不亮到异乎寻常的程度，小玻璃球会发出那么亮的光来吗？如果月亮不亮到异乎寻常的程度，狼或狗会有影子吗？

对细节进行创造式教学并不是对每个细节都进行深究，而是要抓住关键的细节，让学生有充分想象的空间，以及体验的氛围。首先，教师可以让学生说，契诃夫都用了什么细节才写月夜的？为什么这样写？然后教师可以引导学生发挥想象，看看如果让他们去描写一个月夜，他们能抓住一些什么细节组成画面呢？教师还要启发学生勇敢地选择和有魄力地去排除一些细节。通过学生想象力的情境复原，学生自然会创造出只属于他们心中的月夜。

教师运用隐喻和描述性语言启发学生与文本进行对话

人文知识教学中，教师不宜采用逻辑分析性语言进行教学，因为逻辑性语言的精确性严重压缩了讲解者的思维过程，使言语过程直接进入思维结果。人文知识是创作者用隐喻的思维方式和描述性的表达方式将内心深层感受表达出来的，因而，典型的人文知识文本通常都隐藏着许多丰富的不确定性。教师运用隐喻的思维和描述性语言去引导学生，激发学生在自己的知识背景下与文本展开积极的对话。隐喻性的思维"可

89

[1] 曹明海.语文教学解释学[M].济南：山东人民出版社，2007：70.

以帮助我们看到我们没有看到的"，[1]在对话中学生的教学要采用描述性的语言进行讲解。教师要运用描述性语言把人文知识创作者思维中确定的与不确定的感受、内隐的与显性的体验，模糊的与不模糊的情感更加深入地、细致地暴露出来。让学生在参与的过程中能够敏锐地捕捉着自己与创作者情感的"差异点"，能够最直观、最感性化地触摸到创作者内隐去的"细节"感受，最大限度地激发起学生进入文本的渴望。

教学细节就是一面透视教师教育教学观的镜子

在教学过程中，教学细节无处不在，教师如果能够瞬间捕捉到并对其进行创造，就能生成强大的学习动力。人文知识教学内容经常用一些感性材料，很多情况下，尽管学生对课文内容已经有了较为深刻而透彻的理解，但是当他力图把领会的内容用语言传达给老师时却常常心有余而力不足。可是，当老师一个肢体动作的引导、一个细小的肯定的眼神或一句充满感情关怀的话语便可以瞬间让学生打开语言的阀门。因此，教学细节虽然很细小甚至有时是隐形的，但是只要教师善于捕捉并利用它，它就是能看得见、听得到、摸得着并且能创造的东西。教师应该不断地关注细节，善于捕捉细节创造的最佳时机，让细节在瞬间创造精彩，只有这样才能赋予人文知识以智慧性、艺术性的教学。

审美鉴赏式教学

审美鉴赏是人文知识教学的一种重要的美育方式。审美鉴赏式教学就是教师引导学生对艺术作品进行感受、理解和评判的审美思维活动。人文知识的价值在于美，而美是人的自由本质的显现。因而，每个独立的、自由的教学主体都有对美的追求的渴望。因而，通过审美鉴赏式教学能够更好地促进学生成为审美的人，最终形成具

---

[1]　[美]小威廉姆斯E多尔.后现代课程观[M].王红宇译.北京：教育科学出版社，2000：219.

有独立人格的人。人文知识是创作者根据自己的审美理想在感受、体验现实的基础上自由创造出来的一种艺术。它作为显示美的集中反映形态，比其他类型的知识更典型、更强烈、更诗意，对人有更大的感染力。人文知识的教学正是利用人文知识独特的"美"的因素，对学生的感知、体验、情感、想象、直觉等审美感性素质进行开发和提升，从而使学生在具体形象的审美感受、想象、鉴赏中欣赏生活、理解人生，促进学生的审美创造。这样的教学不仅促进了学生创造性思维能力的发展，也使学生拥有了独立的人格、活泼的生命力。

教师要创设一个富有诗意的课堂氛围，在诵读中感受文本的意境美。语文教材中的佳作名篇几乎都是由人文知识构成的，它们都是创作者对生命的感受、体验的情感表达，是我们用以启迪学生心灵的最佳素材。教师在诗意课堂的教学中，不是对知识进行繁琐的讲解，文章结构支离破碎的分析，而是通过教师引导学生进行不同形式的诵读，在诵读中充分地感受教材中蕴含的"情"和"美"。因此，学生要想获得对人文知识语言之美的感受，最主要的方法就是诵读。教师通过引导学生对文本语言节奏的把握、语言感情的体验以及不同形式的诵读，学生不仅能直接感受美的语言的熏陶、唤醒积极的学习情绪，而且还能提高自我语言表达能力。简而言之，在诗意的课堂中，教师赋予了学生精神的解放，培养了学生对美感受力。教师要重视通过直观的教学示范唤醒学生对文本最直接的美感，积累个人经验。

教师要善于把握教材中的"美"的因素，让学生体验文本情感的美。人文知识的教材通常都是文质兼美的文章，其本身就能够很好地唤醒学生的审美体验和审美情感。教师要充分挖掘文本中"美"的因素，借助各种媒体作为审美情感的触发点，引导学生在文本情感的跌宕中，尽情地与创作者的心灵相互言说和倾听，产生情感上的共鸣。此外，教师还可以依据文本美的特质，从文本的语言感情色彩的节奏、情节的变换等方面入手，有意识地营造诗意般的教学氛围，让学生充分沐浴在审美活动中，充分自由地沉浸在情境中，尽情地体验，并尊重学生个性化表达及创造性地表现自我。

教师引导学生用解放的审美视域去欣赏美，在自由讨论中想象美、理解美、品味美。教师根据人文知识教学内容的特质创设不同的讨论情境。在学生通过诵读初步感受美的基础上，让学生展开自由式的鉴赏讨论。比如，在教学中，教师就可以让学生说说"你最喜欢课文的哪个部分？""用自己的话来说说为什么喜欢这个部分？""你能把自己理解的情感读出来吗？"等。在讨论中，教师要尊重学生对文本的独特感受、体验和理解，不能将自己的体验强加于学生，不能用自己欣赏的标准去评判学生的理解，要积极地鼓励学生将自己独特的感受表达出来。只有在学生自由充分表达自己审美感受、体验、理解、品悟的基础上，才能提升学生的审美能力，展示学生的审美情趣，并最终生成审美创造。人文知识的教学就应该在审美视域的解放中，感受美、理解美和品析美中去发现美、创造美。

/ 教师人文态度

　　"态度决定命运"的论断虽然有点夸大，但是在人的内在心理品质中所占据的位置却是不可替代的，作为一种个性心理品质，从某种意义上它就是人的情感体验的一部分。常言道：态度决定行为，行为决定习惯，习惯决定性格，性格决定命运。人们根据这一心理发展过程设计了多种提高人的态度的方法，具体到教育学领域里：新课程中提出将"情感、态度和价值观"作为重要的课程目标，本身就是突出其重要性，尤其是这一变化来源于对建国以后现实教育的反思。当然这一课程目标，需要教师在教学实践中加以贯彻，我们始终认为如果教师自己的世界观、人生观和价值观没有坚持正确的立场，又怎么能够给学生以表率并引导其形成正确的情感、态度和价值观呢？

　　人生态度是一个人对现实生活中发生的人生问题的全面的稳定的态度，人文态度则是人们对现实生活中有关人文修养方面的稳定的心理倾向。其中人生态度是综合性的概念，它包含人文态度，可以说人生态度是人文态度的基础，它决定和影响着人文态度的价值取向。教师的人生态度直接影响着他们的人文态度。当然，人文态度与人生态度的变化发展并不完全是同步的，人文态度具有相对独立性，有的时候会与人生态度略有相左。相对于平常比较懒惰且又懦弱的人来说，他也许在某些事情上会有"超常"的反应，很多人以为他的人生态度是消极的，但是在对待人生况味问题时，他也许表现得更为积极，这种积极性往往是在先天的本质态度与后天的学习养成之间的拉锯，其中后者占了上风之后所形成的。俄国作家托尔斯泰的小说《复活》中的主人公聂赫留朵夫也许就是这样的典型。

　　教师是一个特殊的职业，在学校他承担着作为教育工作者的职责，因此在绝大多数情况下，他们的人文态度是积极的，这也是社会所赋予的角色符号——人类灵魂的工程师、辛勤的园丁、人类思想的引路人等等，致使教师往往压抑着自己的情感与态度；但他们同样是一群生活于世的普通人民群众，他们也避免不了"出门七件事，柴米油盐酱醋茶"，其人生态度会因为家庭生活等多种原因而呈现出特殊性。现实研究发现，很多教师的心理问题、职业倦怠部分地起因于这一心理冲突。因此，无论是促进教师的职业成长、形成良好的个性心理品质，还是为追求其幸福生活，我们都建议教师能够学习和了解一下自身的人文态度，同时更进一步思考怎样发挥自我的价值去影响学生的情感、态度与价值观。

/ 教师人文态度内涵 /

　　记得一个古老的故事，两个举人上京赶考，途中遇到一口棺材。一举人心想真倒霉，怎么会遇到这么不吉利的东西呢，看来今年赶考不会好了；另一举人则想，棺材谐音乃是"官财"，升官发财，此行必然顺利。结果出来，真得是前者名落孙山，而后者金榜题名。显然，撇开两人实力不说，人生态度对个人发展的影响是一目了然的。积极的人生态度对个人发展起着积极的意义；反之，落后的人生态度对个人的发展则是消极的。从人文态度的角度而言，我们希望每一个教师都能树立正确的人文态度，克服错误的、消极的人文态度。

　　按态度是根据自身的价值观所做出的对事物的评价和行为倾向。它大致上表现出对外界事物的内在感受、情感和意向等三种发生机制，有些心理教科书把它们叫作认知、情感与行为倾向，但大致意思还是相似的。内在感受是指人们对事物存在的价值或必要性的认识，它包括道德观和价值观；情感是和人的社会性需要相联系的一种较复杂而又稳定的评价和体验；意向是指人们对待或处理客观事物的活动，是人们的欲望、愿望、希望、意图等行为的反应倾向。心理学研究发现只要激发其中的任何一种机制，都会使另外两方面也发生相应的变化，这说明了它们内在的一致性。恰恰是这一内在的一致性为教育提供了切入点，使其可能通过一定的措施从而改变学习者的态度。人文态度则是根据自身经历而形成的价值观对有关人生本质、对人的评价以及精神家园追寻等问题所持的相对稳定的评价和行为倾向。它大致上呈现为对人文相关追求的认知、情感与意向。

人文态度基本保有与态度一样的特点，即具有对象性、评价性、稳定性与内在性的特点。对象性指人文态度总是针对与人文相关的事物或现象；评价性，指的是对与人文相关的事物或现象所作的价值有无或者价值大小的判断；稳定性，指的是对与人文相关的事物或现象所持有的较为持久的心理倾向；内在性，指的是这种态度必须通过人的言行才能表现出来，它是内隐的，不易为人所直接观察到。人文态度还具有其特有的属性，而且这也是其最大的特点：人文性。也就是说人文态度必须是专门就与人文有关的现象或事物所持的较为稳定的内在心理品质。态度主要来源于人们基本的欲望、需求和信念，而信念、欲望与需求则来自于社会环境与教育等其他因素的影响，社会环境与教育等因素是变化的，因此态度不仅是可教育的、可塑的，而且可以根据影响态度形成的原因分为个体利益心理、群体归属心理与荣誉心理三个层次。人文态度尽管是一种比较专业的态度，但同样可以有根据个体利益所形成的、根据群体归属所形成、根据社会荣誉所形成的三个层次。按照心理学研究的要求，可以用态度的指向、强度、深度、向中度和外显度几个维度加以考察，分别考察态度的肯定与否定指向、态度指向的强弱、态度对象的卷入程度、态度在个体价值体系中的地位以及态度在行为上的显露程度。教师的人文态度，同样可以通过这些维度来呈现。

态度在心理学与哲学研究中都是一个非常重要的概念。中国古代思想家主张"内圣外王"的精神发展思路，在态度问题上就是主张通过修养自己对人生问题的内在感受，调节自己的相关情感，控制自我的人文意向。总的来说，这是一种克制自己态度的行为,属于"忍"的范畴。相对而言,西方人鼓励人们根据自己的意愿去选择自己的行为,直到从文艺复兴的思想追求普及甚至在斯宾诺莎发表了《西方的没落》一书后,人们对人类中心主义以及人的自由性进行了不断地反思,从各个方面给予了限制。因此,比较中西文化的精神发展历史之后有两点启示值得总结:首先是人的态度是自由自觉的,不能被完全控制,任何人都有权利形成自己的人文态度并作出相应的调整,这种态度的选择与作出行为表示都是平等的、自由的;其次,任何人的态度都必须在特定情况之下加以限制,至少以不损害其他人的态度和价值选择为据,"己所不欲,勿施于人"或者是人类共同的追求。这本身是一种悖论,但通过悖论更可以进一步获知:人们人文态度的持有与外显总是与其所处地社会环境或者所受的教育有关。下面这则为冯友兰《中国哲学简史》所记载的故事也许可以表明社会教育对人的价值:

有个王阳明的门人,夜间在房内捉得一贼。他对贼讲一番良知的道理,贼大笑:"请告诉我,我的良知在哪里?"当时是热天,他叫贼脱光了上身的衣服,又说:"还太热了,为什么不把裤子也脱掉?"贼犹豫了,说:"这,好像不太好吧。"他向贼大喝:"这就是你的良知!"

王阳明及其门人特别重视"良知"的教育,这其实也是人文态度的主旨之一。每个人都有自己的"良知",只不过程度不一而已,人文态度谁都有,关键看其是否在一定标准的监督之下。著名哲学家康德也认为,任何理性必须加以限制,完全不受控制的理性会走向邪恶。这一论点得到西方多数哲学家和思想家们的肯定。从王阳明门人教育小偷的事例中,我们可以发现通过教育可以引起教育对象的人文态度的积极回应,因此在教育中应该重视人文态度的价值和功能的训育。

人文态度在教师人文素养的形成过程中发挥着十分重要的作用。其突出表现为如下几方面的功能:

首先是适应功能,也叫工具性功能,这种功能指的是人们寻求他人的尊重和肯定,并形成与他们的肯定性要求相一致的态度而回避否定性要求的态度。譬如教师在某种奖励式激励机制之下为了顺应课程改革需要而进行自我发展的态度就是这种功能的表现；相反如果通过批评或者罚款等惩罚性措施而导致的态度就不叫适应功能。

其次是认知功能，指态度能够有助于自身调动有关的知识，从而使与人文相关的事物或现象变得有意义。比如说当一个教师面对学生家长给予的物质酬谢时或者相反的精神性辱骂等事件时，教师应该充分利用自己人生的阅历，对此类事件作出符合教师师德的理性的行为表示。良好的人文态度，往往能够指引着教师采取积极的行为。

再次是自我防御功能，指的是在人文态度的引导之下，人们为了维护自身的尊严而采取的自我保护的心理倾向。譬如说有的教师平常教学水平比较高，对自己的期望也高，倘若在某次重大教师比武中遭受挫折，他往往会把责任迁罪于人家走后门或者那天上课的学生不太配合等外部原因，而规避了自己与他们在能力上的差距。

最后是价值表现功能，指的是人文态度有助于教师的自我认同，并且是最核心的认同。比如人活于世，各有追求，或名或利，假设某人对讲课非常在行，学校也经常性地提供其外出展示的机会，他就会对讲课持有积极的态度，因为这些外出的机会本身就是满足他逐名的自我认同。与此同时，该人的人生目标是"名声高于其他任何人生追求"，它所持的态度同样具有这样的功能。

教师是知识分子的一部分，而且是其中极为重要的一部分。科学技术是第一生产力，发展科技关键在于人才，而人才的培养系于教育；教育的根本在教师，没有教师的教育是无法想象的。虽然新课程倡导学生的主体地位，但如果将教师的地位边缘化或者虚化，结果是可以想见的。事实上，我们在本书前言中也已经指出，如果不能使教师积极主动地参与到课程改革的时代潮流中，那么新课程要成功是很难想象的。从人文态度的角度而言，教师作为知识分子的一部分，应该担负起传承优秀人文精神的重任，履行好传播正确的世界观、人生观和价值观的职责。

"知识分子"一词是舶来品，我国古代对此类人群的称谓是为"士"。"士"在古代指的是这样的一群人：他们以人文精神为指导，以内省式的个人道德成就为基础，追求自身修养，成就普遍道德伦理规范，进而推演到政治机器，而不完全以知识传承创新为主题。从这个意义来说，"士"是能够继承传统文化并加以阐发的人；能通过内省自觉地提高自我修养的人；具备独立思考的人；有强烈的普世价值追求和公共关怀，积极参与或者期求参与社会变革的人。"士"与"知识分子"概念一样，是具有相对稳定的精神内核而又随着时代变化而逐步变化发展的。"士志于道，而耻恶衣恶食者，未足与议也"，到司马迁"究天人之际，通古今之变，成一家之言"，到范仲淹"先天下之忧而忧，后天下之乐而乐"，到文天祥"人生自古谁无死，留取丹心照汗青"，又到张载"为生民立命，为往圣继绝学，为万世开太平"，及至顾宪成"家事国事天下事，事事关心"，自古至今，中华先辈仁人志士承接着这一精神血脉。他们在道德、事功与个人追求的角度上践行着圣哲的至理"太上有立德，其次有立功，其次有立言。虽久不废，是之谓不朽。"春秋时期鲁国大夫叔孙豹回答晋国范宣子"如何不朽"时的答案，竟然成就了中国千秋万代士人的价值追求。

西方人对知识分子的理解虽有不同见解，但在内质上也与中国存在着相同或相似的特点。据萨义德《知识分子论》的观点，作为知识分子必须具备如下几个特点：绝对独立的精神判断和精神空间；内心的自由和言论的自由；对社会和人类的事业中的不合理现象持有批判的态度；追求真理拒绝任何形式的虚假；有创造力。[1]

无论中国还是西方，对于教师作为知识分子的一员是持肯定态度的，但关键是教师是否必须先天具有这样的资格，则存在着疑问，这是需要加以考量的。比如有的教师，家人刚刚离世，他们为了教育放弃了守孝的职责，在自己的课堂上装出平静的神态，装出若无其事的样子。这样的例子被学校领导加以表扬，这不是正确的人生态度，不是积极的鼓励，而是对人性的毁灭，对人尊严的践踏。这样的教师和学校领导不仅不配以知识分子的称号，其人格也是值得怀疑的。

教育是发展科学技术和培养人才的基础，在现代化建设中具有基础性，全局性和

[1] [美]萨义德.知识分子论[M].单德兴译.上海：三联书店，2004.

先导性的作用。发展教育事业，必须优先发展教育，办好人民满意的教育，建设人力资源强国。要发展教育事业首先就是要培养一支高素质的教师队伍。所谓高素质指的是教师必须具备高尚的思想道德，扎实的专业功底，严谨的职业风格和随和的交际感染力。其实专业的东西，不管是理论知识还是技术管理都是可以通过学习而获得的，而思想的东西，人文素养的东西只能通过自我内省才能实现。因此，我们坚决要求，在师范教育中要突出教师人文素养的培养。在人文素质普遍遭受诟病的时代里，通过教育的方式来提升普通大众的基本道德规范或许是最为有效的手段之一。"榜样的力量是无穷的"，让作为文化的传承者和传播者、作为灵魂的工程师与启迪心智的精神导师，作为未来社会风尚的构建者的教师来完成教育学生乃至人民人文素养的使命是其职业内在必然的要求。

懂得向学生道歉，才能赢得学生的尊重

李老师平常是一个注重自身教学修养的人，只要有空就会抽空去研读一些有关教育教学方面的书籍。腹有诗书气自华，在广涉各类书册的过程中，他懂得要用一颗宽容的心去关心爱护学生。只有最无私的爱加上对学生的了解运用适切的方法，才能让学生最大程度地信服教师。有一次学校安排他担任高二艺术班的班主任。这个班级学生复杂，调皮捣蛋、纪律处分，各式样的学生都有，在第一学期已经换了三个班主任。学校考虑到李老师的专业能力和水平，决定由他担任该班班主任。知晓其中情况的学校同事都提前给他说明情况，教他如何注意。

为了当好这个班主任，他专门到前任班主任那里把各个学生的情况进行了详细地了解。在例行的班级活动中，他首先比较合理地评价了各位学生，尤其是简单地提了部分原先被认为是调皮学生的优点，每个学生都有。开始时，有几个顽皮学生被表扬，其他同学都给予起哄，导致表扬没有什么效果。然而，随着每个学生都被表扬的时候，学生们开始安静下来，他们发现这个班主任有些特别了。李老师在班级活动即将结束的时候说："我们班级应该会是一个比较和谐的班级，而且大家都有着艺术家的梦想。但是，我们未来终究是要走向社会的，社会的游戏规则不会因为大家的艺术冲动而有所改变。所以我认为，

我们应该鼓励大家的艺术冲动，但是纪律观念必须始终注意。我看了以前的《班级守则》，总的来说还是不错的，但是有一点可能需要今后大家监督执行，那就是这个守则执行是不是公平的，作为班级成员的教师应不应该遵守的问题。"

有一天，一个学生因为被值周教师误会而扣分，那个学生为了不让班级扣分与值周教师发生了顶撞。于是，值周教师就将该学生拉到李老师面前了，非常生气地要求主持公道。李老师当时就把这个学生狠狠地骂了，并向值周教师表示歉意。这一事情，很快传到学生的耳朵里，他们都觉得这个班主任原来如此地是非不分。李老师也注意到了这种情况，及时召开了班会课。他当时就向该学生道歉，表示自己在值周教师面前没有弄清情况就责骂学生是不对的，并保证一定弄清情况之后再与学生沟通。学生当时的怨言暂时算是平息了，但好像阴影还是未曾散去。为此，李老师给班级里面几个较为调皮的孩子家长打了电话，向他们说明情况并告知家长应该如何与孩子交流，其中也包括被误会的孩子家长。

第二天，那个学生就在班级里与几个要好的同学讨论时说："我们是不是错怪李老师了，昨天我爸也知道了他向我们全班学生道歉的事情，不过我爸说这种时候他也是要批评我的。因为你们想，值周老师来的时候，对李老师来说维护值周教师的面子更重要，所以他要骂我；后来他向我道歉，是肯定我的意思，说明我没有错。""是呀！其实，最伤不起的还是老班啊！"

从此以后这个班级的事务，在这些同学的共同维护之下，变得越来越好，该艺术班的风气是历年来最为良好的。

人的一切素养都表现在你所使用的礼仪上，你的内心都将表现在你的语言和行动中，这是人们判断和信服你的重要方法。"投之以李，报之以桃"，当你用善意去对待他人的时候，人们也将用同样的善意来回报你。正像二战时期的那个故事一样，有一犹太人总是热情地与邻居们打招呼。有一天，他对面来了一个古怪的日耳曼青年，这个青年总是不愿意与人打招呼。但是犹太人还是始终如一地每天看到他时向他打招呼，并且喊的非常郑重。如此坚持了半年多，直至战争爆发他再也没见到那个青年人。战争爆发后，德国境内开始大肆驱赶并杀戮犹太人。这个犹太人被德国兵抓到了等待分配他们命运的广场上，在这个广场上一些人被分到火车上赶出国境，一些人则被分配到旁边的劳改场，最后可能被直接枪毙。他就像只等待被杀的猪一样走在队伍中，来到分检处他马上发现那个点名的人正是他的日耳曼邻居，于是他大声地喊出青年人的名字。那个日耳曼人看了看他，把他指向了驱逐出境的那个方向，正是此举使他逃脱了被杀的命运。这个故事要告诉我们的不就是这样的道理吗？不知道来自于哪里的一句名言，很是贴切地进行了注解："人心就像一本存折，只有打开后才知道到底有多少收益，每本存折都是用一点一滴的善去积累的。"用什么样的态度去对待他人，会得到相应的回报，这也是大自然中非常神秘而有趣的现象。日本学者江本胜研究发现：如果我们能够每天对着水滴说一些表扬的话，水滴的结晶图会呈现得相当规整，特别美丽；相反，水滴难以形成规整的结晶图。[1]

所以我们建议形成积极的人文态度，只有具备积极的人文态度并贯彻于教学活动中，才能使其对学生产生良好的助推作用。心理学研究发现：态度的形成是有其内在的规律的。只不过规律尚未被人们普遍认可而已。在这里我们简单地介绍几种态度形成的学说，以利于各教师在教学实践中进行有意识地学习和应用。

第一种是社会心理学家凯尔曼的态度形成三阶段论，他认为态度的形成具有从他律向自律发展的特征，具有从外向内的转化过程。第一阶段为模仿与服从，指的是表面上接受规范、按照规范的要求来行动，但对规范性的必要性或根据缺乏认识，甚至还有抵触情绪。比如在教师的严格要求之下，学生必须在教室里注意保持安静。模仿与服从是规范内化为态度的第一步，是基础；第二阶段为认同，指的是思想、情感和行为上主动接受他人的影响，使自己的情绪与行为与他人接近，简单地说就是在心理上认可某人并确保自己的行为与之保持一致，比如学生看到在教室里认真学习的同学成绩往往比较好之后，他可能会与之保持一致的行为表现。认同是态度形成的最重要的环节，如果没有认同，模仿与服从就只是一种形式，不可能落实到行动中，同样没有认同，更不可能自觉地转化为自己的体验。事实上这也是形成学生态度的教育切入点；第三阶段为内化，个性心理品质的东西不外是外界在人内心的反映而已。态度的

[1] 江本胜.水知道答案[M].海口:南海出版公司,2004.

内化也就是在思想与行动上与他人保持一致之后，将此认同的思想与观念与自己原有的观点融为一体，构成完整的价值评价体系。这是态度形成的最终结果，也是教育所应追求的最后收获。

其实我们在现实中也发现，态度的形成并非只有这一种形成路径，尽管这种路径是相当典型的。因此，美国心理学家提出了态度转变模型，其实这也是一种态度形成的路径。这种观点在强调信息来源的基础上，认为特定的信息提供者使用一种恰当的方式在合理的情境中形成接受者态度的变化、固定与升华。这个观点相当复杂，他在充分考虑信息提供者、接受者、信息提供方式和情境等四个环节进行各种可能的考察之后提出的。现实的例子譬如：班主任对刚刚接手的班级要进行了解，第一天走进教室，他就看到有同学把书桌整理得有条不紊，有的同学则随便把书包丢在一旁，自己却与其他人玩耍。他大致上会认为前面一类同学读书比较稳重，后一类同学需要教师花费心机加以引导。在教师教学经验来看，即使很小的细节也能暴露出学生的某些心理特征，这就是态度的转变事例，这种心理特征如果加以利用，可能会带来可喜的教学效果；相反如果没有发现或者置之不理，那么就会失去教育的机会。

第三种态度形成路径是海德的态度平衡理论。海德认为人的情感与其评价总是要保持一致的，如果两者出现不平衡，人往往会自动作出调节。他还发现了态度平衡中的一个重要原则叫"费力最小原则"，指的是人们会尽可能少地改变情感因素而保持态度平衡，在现实中也就是说人们比较容易采取"保守"、"懒惰"的心理，能不改变自己尽量不改变。比如说教学常规中，学校要求教师写教学反思，但教师并不习惯写这一环节，尽管本身这一环节也不需要体现在教案中，因此教师往往采取胡乱写一点的"交差"心理，这对新课程要求的自我反思以实现专业成长的目的是少有或者没有助益的。

显而易见，保守是一种态度，但是生活中也有一些人属于"耳朵根子软"，只要觉得人家有道理，就马上改变自己的态度。所以，费斯曼提出态度失调理论也是可以合情合理的了。这种理论不用解释大家也当明白其中的逻辑，也就是说当个人的情感与评价发生冲突的时候，人们常常选择改变情感以适应态度的现象。绪论中我们引用刘良华教授"最受学生欢迎教师的特征"中有一条：像实习教师那样。但为什么实习教师的魅力特征不能保持到以后的教学中呢？这其中的原因恐怕就是态度失调之后自我调节的结果。这些新任教师在老教师的权威经验指引下或者在学生群体环境的改造之下，不得不改变自己原有的自由心灵，从而坚持在某种教学框架之下，失去了对学生的吸引力。[1]

第五种理论认为态度是受文化环境影响的。他们在研究亚洲人与北美洲人之间的差异时发现，美国人在自我认同方面的积极品质是消极品质的四倍多，相反日本人和韩国人更倾向于用消极的陈述来描述自己。同时，父母在对自己孩子教养方式的描述上，美国人更多用自豪的口吻来描述自己的教育实践，而日本韩国给出的评价则大多是消极的。[2]从这里，心理学家可以推出文化差异是导致人们的处世态度迥然相异的重要原因，如此一来，文化环境特别是民族文化心理对个体态度的形成具有潜移默化的影响，人文态度受到的影响可能是更大的。现实中大家发现，中国的教师更多的采取"毕恭毕敬"、"严谨踏实"、"正襟危坐"等教学态度，而西方的教师则常采用"自由民主"、"顺势而为"、"注重创造"的教学模式，是根源于两种文化不同的文化环境。

兰迪·拉森与戴维·巴斯两人不仅指出了文化环境在人的态度形成中的作用，事实上作为文化研究的人文态度可能也更多地受此影响，由于这种影响的持久深远性，致使更为牢固的人文态度并不能如前面几种路径那样轻易地实现改变。与此同时，两位专家还进一步发现了在总体水平上或者在群体差异上，类似选择配偶等文化性的评价和心理取向上环境变异明显比基因变异更重要。[3]从这个意义上来说，态度同样受

[1] 以上一到四种理论可以参见冯钢，王小章.社会心理学教程新编[M].杭州:浙江教育出版社，2004.

[2] [美]兰迪·拉森，戴维·巴斯.人格心理学——人性的科学探索[M].北京:人民邮电出版社，2011:500-501.

[3] [美]兰迪·拉森，戴维·巴斯.人格心理学——人性的科学探索[M].北京:人民邮电出版社，2011:154.

到遗传的影响，只不过在人文态度的形成与固化中，遗传因素相对较小一些而已。

综上所述，态度的形成虽然有多种路径，但是这一些路径在人文态度的形成和培养过程中同样适用。只不过，在实践中我们也发现，人文性的态度一旦形成往往比较深刻而不像其他类型的态度那样容易变化。譬如勇敢，只有在面对危难的时候个体才会表现出来的行为表示，只要给予适当地情境，像战争、面对歹徒骚扰等，它也会发生一些变化；然而对勇敢的态度这是一个人文性的问题，人们不容易理解，就像学生很不容易理解董存瑞为什么要用双手托炸药包。但是随着年龄的增长或者他碰到过类似的处境（时间紧迫而无任何外援）之后，他就能理解董存瑞的选择，并且在形成这种态度之后又很难改变，直到新的情境发生使之改变这种态度。

态度在国内外心理学家的研究中是一个比较热门的主题，也正因此才会出现如此多种的态度形成理论。自然，作为态度的属概念，人文态度的形成与传播也可以借鉴其中的许多方法。可是，真要根据这些态度形成理论来提高教师自身的人文素养的话，需要对人文态度的特殊性进行严格的审视，尤其是人文态度的内容构成与其他态度具有不一致性，因此在人文态度的形成过程中必须明确人文态度的构成，也就是说从人文的角度来明确哪些内容才是构成人文素养的态度。

教师人文态度构成

构成，也叫结构，指的是不同类别或相同类别的不同层次的事物按程度多少的顺序进行有机地排列。简单来说，指的是人文态度各个部分的组合。在教师人文态度的构成要素中，不同的要素在人文态度的总体结构中所处的地位是不相同的，但是真要根据其地位进行分类说明显然是非常困难的，事实上也是不可能的。因此，在本节内容中，我们只就与教师职业生涯发展较为密切的人文态度按属于内生性与外源性分类进行简单介绍。大致来说，教师人文态度分为独立自由的人文品格、追求幸福的人文情怀、专业成长的人生信念、合作共赢的人文关系、认识自我的人文提升、张弛有度的爱心管理、为人师表的道德品行、挑战权威的批判精神、坚守家园的人文追求。所谓内生性人文态度，指的是人文态度更多的是根源于自我修养的需要而产生的；外源性人文态度，指的是由社会环境对人提出的需要而造成人的态度的形成与发展的人文态度。由于这一分类不具有完全性，有些态度构成要素并不能简单地归属于某一人文态度。我们把其中品格、信念、爱心管理、道德品行、自我提升界定为内生性人文态度；其余的则界定为外源性人文态度。

人们在对人文态度的分类中，也常采用认知要素、评价与情感要素及意向要素三者进行分类。认知要素是态度的基础要素，评价与情感要素是态度的核心要素，意向要素是态度的最终表现形式。这是心理学研究中按照态度形成的基本要素来划分的，自然有其合理之处。但是我们不采用这种分类方式，是鉴于此种分法并不能从实践层面上给予教师形成人文素养提供积极的帮助。

内生性人文态度 ／

独立自由的人文品格

人天生就是自由的动物，如果说人的需要就是人的本质特征，那么人的最高需要就是人的自由。自由是人进行创造性工作的心理前提，也只有在个体自由的情况之下从事的求真、为善与审美才能更加顺利。瑞士钟表匠塔·布克有一句很有意思的话："金字塔的建造者，不会是奴隶，应该是一批欢快的自由人。"这句话站在唯物主义的立场上是很容易理解的，因为只有内心自由的人才能发挥其创造能力，激发想象力。事实上，这个预言式的定论不断地被考古学所证实。人的创造力只有在身心和谐的状态下才能发挥出最佳的水平，仅仅靠严格的纪律约束是产生不出这样的效果的。这一观点也同样得到来自心理学与哲学的佐证。人本主义心理学家马斯洛提出的"需要层次理论"表明了人的最高需求就是人的自由。这个理论认为虽然需求层次是有顺序的，也就是说只有满足了最基本的生存与安全的需要，才能在此基础上发展其他如受尊重的需要和爱的需要等；较高一级的需求层次相对不易实现，但是该理论同时也认为一旦最高需求得以实现之后，它的作用是持久的、相对稳定的。人本主义的另一位代表罗杰斯据此认为："只有学会如何学习和适应变化的人，只有意识到没有任何可靠的知识、唯有寻求知识过程才可靠的人"才能在激烈的社会竞争中生存下来，最大限度实现自我。[1]当人们自由而独立地做出各种决定的时候，人的一切潜能都将得到最大的发挥。马克思说"一个种的全部特性、种的类特性就在于生命活动的性质，而人的类特性恰恰就是自由的自觉地活动。"[2]如果是萨特他就会说，"因为他的自由，人的存在就是人的自由存在，而不是人的实在。但自由不是人的一种性质或本质，而属于人的存在结构，'人的自由先于人的本质并使之可能；人的本质悬置在人的自由中。'"[3]

马斯洛需求层次示意图

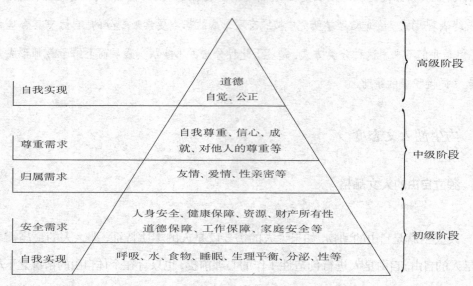

对于教师而言，具备独立自由的人文品格是其作为知识分子的基本表征，也是教师傲然于世的题中之意。他们承担着培养未来接班人的伟大使命，如果自己连最基本的自由精神都没有的话，岂不是要培养出一群没有责任心的未来"顺民"吗，这对于伟大中国的发展而言，不啻是一种源头上的腐烂。2012年4月在武汉大学召开的"理想大学"专题研讨会上，与会专家对大学精神的丧失痛心疾首，还严重地批评了时下贪腐之风进入高校。大学的行政化管理模式的痼疾，同样在中小学教育管理中根深蒂固。

[1]　冯维.现代教育心理学[M].重庆:西南师范大学出版社, 2005:85.

[2]　马克思恩格斯全集 (第42卷) [M].北京:人民出版社, 1979:96.

[3]　张汝伦.现代西方哲学十五讲[M].北京:北京大学出版社, 2003:254—255.

许多有志之士都在呼吁改革，但改革的步伐仍然举步维艰。因此在此次研讨会上，召集人武汉大学老校长刘道玉先生认为："教育需要乌托邦"。教育需要理想，这一理想却必须建立在教师的独立自由基础之上，如果教师没有这种自由的人文品格，不管是由于自己的原因还是外在的原因，要实现教育的拨乱反正那都是相当困难的。

对于教师的人文实践来说，那就是要在教学中始终关注学生的需求，尊重学生的自由意志，让其根据自己的生活经验去理解、体验人文性的知识。比如语文教师跟学生讲"卧薪尝胆"故事，以尝苦胆来衬托勾践反省自己的态度，学生不清楚"胆"究竟有多苦。教师鼓励学生想象自己知道最苦的东西，如苦瓜、中药等，苦胆比之还要苦一些。通过教师引导学生思想的自由发挥，他们一下子就明白了。

专业成长的人生信念

当下所处的时代与以往任何时代比起来，各行各业都面临着加速发展的要求。在教师职业生涯发展过程中，教育者的专业成长问题从来没有像今天这样受到高度的重视。国内外的教育改革经验表明，每一次重大的课程改革和每一次学校规划的完善都强调了教师需要高质量的专业能力，因此立足于教师职业发展的内在必然性来讲，专业成长问题是其职业发展的必然选择。如果教师自己安于现状，那么遭受淘汰的命运也就为时不远了。新的专业知识不断发展，教育领域里的改变也是日新月异，教师专业化与角色转变的现实要求需要每一位教师都树立专业成长的人生信念。

古人云："活到老，学到老"。在这个物质丰富的时代里，能够坚持读书已经是一种难得的优良品质，如果要保持这种习惯一辈子，那将是弥足困难的了。任何一个教师都不能确保自己的教学能够一直保持领先，纵使一个在现在看来教学质量相当优秀的教师，也许随着教学质量观的更新，他的教学就会受到质疑。从这个意义上来说，教师只有常学常思常行动，保持专业成长的信念与实践专业成长的目标，才能使其永葆教学有效或高效。

还有一个理由指示着教师去关注专业成长，树立不断前行的信念。好多教师认为专业发展与他们的日常工作是完全相隔的"两张皮"，但事实是真正优秀的教师往往在这两方面都有着优良的表现。因为大家可以很容易地发现，那些导致显著教育进步的原因当中，从来就不缺乏专业发展；那些教学优秀的教师，从来都是对专业发展抱有极大兴趣和信念的人。

喷泉的高度不会超过它的源头，一个人的事业也是这样，他的成就决不会超过自己的信念。对每一位教师来说，人生信念就像是事业成长的指路明灯，它指引着人们走向成功的彼岸。人生信念终究还是孤悬于空中的圆月，要亲近它尚需要自己的艰苦努力。所谓"骐骥一跃，不能十步；驽马十驾，功在不舍；锲而舍之，朽木不折；锲而不舍，金石可镂"。

教师的言行对学生的榜样作用是非常强大的，比如在一次测验中学生表现得不是很令人满意的时候，如果教师自己也表现得非常无奈的话，那么学生就会泄气。善于发现问题的教师就会鼓励学生一定能够战胜自己，在下一次测验中做得更好，这同样也反映了一个教师的人文态度。

张弛有度的爱心管理

苏联教育家苏霍姆林斯基曾经说过"只有当你给你的朋友以某种帮助的时候，你的精神才能变得丰富起来"。此言不仅指明了拥有真挚的爱心对于教师而言是何等的重要，而且也指出了具备爱心对于教师树立正确的人文态度的重要意义。事实不断地证明着这一论断的科学性，越来越多的班主任以及优秀教师都认同教学成功的最佳方法就在于爱心。翻看班主任工作的重要期刊《班主任之友》，绝大多数发表的教师论文中或多或少都提到了爱心的重要性。因为正如人们所知道的那样，只有用一颗真诚的心与另一个灵魂进行交流，爱才会泛起成功的波浪。

教师的实践也发现，如果只有一颗爱心，却不懂得如何去经营，同样不会得到学生的共鸣。作为教师人文态度的一部分，爱心是需要管理的。这里大致有如下几对矛盾值得注意：首先是严与威、宽与纵不对等。教师的威权不一定来自于教师的严格，教师的严格只是一个必要条件而已；同样宽松的管理也不等于就是放纵，因为宽松同样可以实现权威。正如本章第一节案例所呈现的那样，当一个教师以身作则，向学生道歉的时候，他并不是通过严格来获得威权，而是真诚与民主赢得了学生的服膺与尊重。所以司马迁说："其身正，不令而行；其身不正，虽令不从。"其次，爱有分寸，不可过而溺，不可忽而生。意思是说，对学生的爱心要讲求张弛，万不可偏离太多。爱心如果太多，就是溺爱，容易使学生骄纵；相反如果不舍得去爱，又会生分，容易使学生灰心、自卑。再次，爱要有理。古人说"爱人者不阿，憎人者不害，爱恶各以其正，治之至也"，又言"爱人不以理，这是害人；恶人不以理，这是害己"，两句话虽然论说的侧重点不同，但不约而同地指明了爱心的施予需要说清缘由。最后，爱不排除惩罚。的确，严惩不是教育的最佳选择，但绝对是一种选择。越来越多的教育工作者们发现，对于学生进行必要的惩罚也是合理的，但千万拒绝体罚。

　　教师的人文态度需要懂得张弛有度的爱心管理，更应学习爱心管理的原则，这是作为一名具有良好人文态度的教师应有的持守。教育界普遍引用的"陶行知用四块糖果去教育一个犯了错的孩子"的故事，正是从爱心管理的角度阐明了教师所应持有的态度。

为人师表的道德品行

　　"学高为师，身正为范"，这一句话几乎可见于任何一所师范学院（校）的宣传墙等醒目的地方，而且本身也是对教师职业的一种规范与期望，事实上这也是作为教师这一群体的最高褒扬，譬如宋庆龄为陶行知题词为"万世师表"。为人师表的道德品行是教师人文素养的重要组成部分，很多人把师德定义为职业道德，虽有其合理性，但是为人师表不仅仅只是一种职业操守，单纯这种定义本身就忽视了教育的特殊性。教育的对象是人，他们是会学习的有主观能动性的个体，从人文态度的角度来看，他们会模仿教师的行为举止，而且现实情况是师生关系越密切，越容易为学生所模仿。那么，作为教师，断然不能把职业道德与基本道德分开，上班时与下班时应当保持同样的道德品行。基本的道德是每一个人应有的人文素养，而教师职业道德的特殊性又决定了其人文属性。

苏联教育家赞可夫曾说到"教育不应当只限于传授知识、训练技能和技巧，还要教育学生，这是教师的神圣职责"，这为教师具备良好的师德提出了基本的要求。古人也说"善之本在教，教之本在师"、又说"大学之道，在明明德，在亲民，在止于至善"。这都从不同的侧面要求教师把德育教育贯彻在自己的行动中，因此教师平常如果能够有空去关注一下美国卡耐基成功之道，或许会受到莫大的启发。他的几条真理性的处世原则，同样也构成了教育有效性的保证，更体现出教师的良好品行。爱人者，人恒爱之；敬人者，人恒敬之。只有这样，教师的人格魅力才会在学生的心中开花结果，才能将"道"传给他们。我们来看看，卡耐基人际沟通成功的九大原则：[1]

不批评、不责备、不抱怨

给予真诚的赞赏和感谢

引发他人心中的渴望

真诚地关心他人

经常微笑

记得他人的名字

注意聆听，鼓励他人多谈他们自己的事

谈论他人感兴趣的话题

衷心让他人觉得自己很重要

认识自我的人文提升

上进心就像是藤蔓，不畏辛劳地朝着向上的目标前行，历来成功人士，都是富有

[1] 黑幼龙.赢在影响力:卡内基人际沟通九大法则[M].台湾:天下文化，2003.

上进心的人。对于人文素养的修炼来说，教师也应该始终保持一颗前进的心，这不仅是走向成功的关键，也是人文修炼的需要。《大学》引古言说"苟日新，日日新，又日新"，只有每天不停地学习，哪怕是一点小小的成功，对自己的影响又是何其重大啊。教师形成人文态度，从内生性角度来说，最核心的莫过于对自我的认识。明代大思想家王阳明说"天没有我的灵明，谁去仰他高？地没有我的灵明，谁去俯他深？"从阶级分析法来看，此话有着很深的唯心主义倾向，但是从人的修身养性角度来看，其言又何其正确。正像我国传统所说的，正心诚意，修身齐家治国平天下。思想性的东西如果只在人内心寻找根源，那么无非就是对自我的认识。强调人文素养的提升，既是人文态度的必然构成，也是人文态度的原因。

要形成这一点需要通过三个环节来完成，那就是认识自己、解剖自己并最终战胜自己。人贵有自知之明，首先从认识自己的角度来说，这是人文提升的基础。认识自己是什么样的人，现在人生处于什么样的发展阶段，自己的职业是否正在进入荒原期……这就需要一个自由思考的空间。人生就像旅行，多少人为了目标拼命地奔波赶超，却不曾为路边的风景停下前行的脚步。其实，给自己一个定位是容易的，关键在于定位之后敢不敢解剖自己，指出问题所在，意识到自己的成功或不足并不代表人们有勇气剔除自己的坏习惯，并不代表能够认识自己的成功只是很小的一步。美国总统华盛顿小时候改正自己错误的故事和鲁迅决定弃医从文的选择告诉大家：只有在认识自己基础上解剖自己，克服自己的缺点、抛弃表面的成功，才能走进一片新的事业天地。人的一生中，谁都会面临挫折与选择，甚至有人说，人生就是一场选择，当我们选择了一条人生道路的时候就意味着放弃了另外几种人生发展的可能，而且它不像经济领域可以用价值来计算，人生的选择一旦错了就是一辈子的错误。所以，当人们面临着挫折甚至绝望的时候，能不能战胜自我；或者面对已有成功的诱惑，能不能停下来重新追思，这是能否真正认识自己的标志。"人之患在好为人师也"，孟子的忠告对教师来说尤其具有现实意义。对教师的职业满足感，人们提出的"35岁效应"（指的是教师一般在35岁，通过职称评定之后就失去了前进的动力）反映的是一个普遍的现象：缺乏对自己事业的认同。认识自己，恰恰是人文态度提升的应有之义。

外源性人文态度 /

追求幸福的人文情怀

幸福是人们追求的最终目标, 但什么是幸福? 一直存在着多种定义, 可是定义的复杂性并不影响人们内心的感觉。对于教师来说, 幸福既包括生活的幸福, 也包括职业的幸福。生活的幸福在经济学家们看来可以用一系列指标来测定, 然而职业的幸福至今尚处于心理体验阶段。职业的幸福感指的是职业行进过程中身心之间的和谐, 它本身就是人文态度的一部分。幸福存在于一个人真正的工作之中, 如何让教师在单调乏味的劳动中体会到一些乐趣, 而不是 "几十年如一日" 地重复着昨天的故事呢? 苏霍姆林斯基开的药方是: 引导每一位教师走上从事研究的这条幸福的道路上来。这个话与哲学家拉美特利的名言有相似的意味, "有研究兴味的人是幸福的! 能够通过研究使自己的精神摆脱妄念并使自己摆脱虚荣心的人更加幸福。" 真的, 如果每一天重复同一件事必然是枯燥的, 关键就是如何想法去摆脱。这里的 "研究" 并不是高深地学问功夫, 日常生活中的思考与经验总结也是研究。马克·吐温的名著《汤姆·索亚历险记》里有这样一段故事: 汤姆被姑妈要求去粉刷一面墙壁, 这个工作是比较单调的。于是汤姆吹着口哨, 向走过身边的小孩们吹嘘这是一项多么快乐的工作啊? 他还跟那些孩子们说, 如果谁要来尝试的话, 必须拿礼物来换。结果刷墙本应该是一天完成的工作量被汤姆两下就搞定了, 额外还收到了许多的礼物。这告诉我们在繁杂的工作中追求幸福, 就需要换一个思维, 这种思维则来自于 "研究"。

生活幸福与职业幸福虽然可以分开研究, 但两者相互影响, 相互联系, 尤其在教师身上达到了有机的统一。能不能正确处理这两者的关系, 标志着教师能否实现幸福的可能。生活幸福能够提升职业幸福, 纳素夫说: "真正的幸福只有当你真实地认识到人生的价值时, 才能体会到", 因此按照心理学家的建议, 教师可以改善一下自己的生活方式, 来实现幸福的人文情怀: [1]

[1] [美]兰迪·拉森, 戴维·巴斯.人格心理学——人性的科学探索[M].北京:人民邮电出版社, 2011:383-384.

与他们共度时光,特别是朋友、家人和爱人

寻找工作中的挑战和意义

寻找对他人有帮助的途径

为你自己留出时间,享受能带给你快乐的活动

保持体型

制订一份计划,但对新经验持开放性态度

保持乐观

不要夸大事情的严重性

合作共赢的人文关系

合作是人类的本性,自茹毛饮血的时候起,人们就已经开始在合作条件下狩猎,对付各种灾难。这种本性在现代社会表现得尤其突出了,但是人的自私性和市场经济的竞争性影响了人们不能进行深入地合作,这种情况直到最近才得以改变。中国人在世界上第一次提出经济交往中的共赢思想,此后人们在博弈论的指导下开始关注合作的价值,合作这一浪潮同样席卷了教育领域的理念变化。

西方有教育评论者曾指出:"如果让我举出一项符合'改革'这个术语的教育改革的话,那就是合作学习。因为它建立在坚实的基础之上。""合作学习如果不是当代最大的教育改革的话,那么它至少是其中最大之一。"这指出了合作学习在一国课程改革中的伟大作用。其实合作学习不仅是学生学习的一种模式,同样也是教师学习的一种模式,教师愿意与他人合作,不是对自己的损失,而是一种收获。与人合作,这是教师必需的人文态度之一,关系着与同事、学习同伴的密切程度。子曰:"独学而无友,则孤陋而寡闻",这启示教师应当秉承"三人行,必有我师焉"的学习精神在教师学习共同体环境中提升自己与人合作的人文态度。现在社会是一个讲求人脉的社会,对于教师来说更有现实意义。

怎么合作呢？教师在教学中可以开展互相听课互相评课互相研课基础上的合作，通过教师之间的互动，实现自我的成长与发展。[1]很多人说教师是在课堂上滔滔不绝，一到生活中就没有多少处世经验，书生气十足的一群人。作为一种人文态度，教师应当提高在生活中与人合作沟通的能力。他们应该不满足于现状、加强学习、勇于实践；懂得付出并保持低调；有强烈的沟通意识，与人交换思想；诚恳大方，求同存异；遵循基本的道德礼节。

挑战权威的批判精神

在这个时代里几乎没有一种口号能够比"创新"喊得更响的了，创新的确在人类前行的过程中起到了相当重要的作用，这种作用对人类历史来说，如果以前的成长只是青年到中年的过程的话，那么现在反倒像婴儿向幼儿的发展那么快速。世界处于永恒发展的过程中，任何事物对它发生的那个时代和条件说来，都有它存在的理由，但是对它自己内部逐步发展起来的新的、更高的条件来说，它就变成过时的和没有存在理由的了，它不得不让位于更高的阶段，这就是创新的辩证法。这就要求我们，树立批判权威的精神。

权威比一般人来说更容易认识事物的本质，但并不必然能够完全掌握真理，因此需要大家树立不唯书、不唯上，只唯实的精神。教师应该持有这样的一种态度，通过阅读理解权威的思考方法，不做标签式的人云亦云。尤其是教科书更是如此，需要大家花心思去发现其中的问题；对权威的思维方法、逻辑结构以及最终结论进行扬弃，以我为主，为我所用；不要小看自己，认为中学老师没有资格去批评教科书权威，其实不然，研究并不神秘，只不过你在这个领域里比人家坚持得更久长一点而已，遥想当年郦学名家陈桥驿、教育家和作家叶圣陶、史学家陈寅恪等许多名家都曾经是中学教师，我们又怎能失掉底气呢？

[1]　章亮.基于互听互评互研实践的教师评价模式研究[J].教学月刊（教学管理），2011(11).

对于教学来说，只有教师自己有批判权威的勇气，才能使学生养成批判的品性；只有教师形成有研究的习惯，才能使学生形成研究的习惯。那么如何培养教师的批判精神呢？大思想家朱熹说"读书无疑者须教有疑，有疑者却要无疑，到这里方是长进"，明代陈献章亦说"前辈谓学贵知疑，小疑则小进，大疑则大进。疑者，觉悟之机也。一番觉悟，一番长进"，这些话诚为中肯。新课程理念倡导自主合作探究的学习方式，在教学过程中，教师要研究课程理念，关注课程研究的新思想，关注先行教师的优秀行动，研究新的实际问题，寻找新的解决方法，取得教学的成功。在教师日常生活中，要批判性地看待周围的人和事，不能未经调查就给各种现象和结论妄下定论。"我思故我在"，这应当成为教师的一种生活方式。

同情心与荣誉感

"不想当将军的士兵不是好士兵"，这句话告诉我们每一个人都应该有积极向上的精神品格，这是人文态度的最高的现实表现，也就是一个人的荣誉感。心理学上有一种叫作"皮格马日利翁效应"的现象，也叫期望定律，它认为只要人们对某一件事情怀着非常强烈的期望，所期望的事情就能激发人的潜能，容易导致所期望事情的成功。期望定律是人类的一种普遍心理现象，如果利用好这一种心理，将对我们的人生产生良好的效应。辜鸿铭在其名作《中国人的精神》中赞扬了荣誉感这种特殊的心理，对个人而言是荣誉感奠定了比利益和恐惧更高尚的所谓责任原则的基础，对国家和社会历史来说，只有这种荣誉感才是"正确、理性、永恒、绝对的基础"，"事实上，一个人民没有荣誉感、政治上没有道德的社会，我认为是不能团结的，至少是不能持久的。"[1]

有着荣誉感的人很容易形成与其对立面同样合理的心理效应，那就是同情心，所谓同情心不是怜悯意义上的同情，而是怀着与人相同情感的心理，也就是"如果你不变成小孩，你就不可能学会"。《庄子》记载说"子非鱼，安知鱼之乐也？"这指明了同

[1] 辜鸿铭.中国人的精神[M].上海:上海三联书店, 2011:18—22.

情的必要性，只有同情才能理解他人，在理解他人的情况，才能与之沟通。"己所不欲，勿施于人"，这与新课程倡导的以人为本的生本理念是不谋而合的，需要教师在教学实践中揣摩施行。要激起学生的荣誉感，只有这样才能确保学生有着积极的成就动机，朝着一个既定的目标前进。因为人们在生活中能不能成功做好一件事情的主要因素并不在于他的个人能力有多大，而在于他对该件事情所持的态度是否积极。爱迪生说"快乐人生有三大要素：必须有所作为，必须有所爱，还必须要有所期待"。同时，在激发学生荣誉感的基础上，更鼓励他们拥有同情心。其实对每一个学习有困难的学生来说，他们也都在努力，只不过因为经历多次努力之后"习得性无助"，只要大家能够帮助他们，慢慢地他们也是会成功的。教师持有这种态度，能够让学生在教师的言行中看到希望，看到努力的必要，这是一种无形的力量，将鞭策着他们向着更高的目标不断努力。

坚守家园的人文追求

著名哲学家海德格尔引用荷尔德林的诗句而加以诠释的"人，诗意的安居"这一主题，已经成为人类生活的最高目标，也是人文态度的最终追求。作为人类灵魂的工程师，承担着坚守社会道德底线的责任，这一责任在物质主义盛行的现实时代里更富于现实意义。其实海德格尔在引用这一诗句的时候，也是从这个意义上来加以说明的。它引用的荷尔德林的诗句原有如下几句：

"如果人生纯属辛劳，人就会

仰天而问：难道我

所求太多以至无法生存？是的。只要良善

和纯真尚与人心为伴，他就会欣喜地拿神性

来度测自己。神莫测而不可知？

神湛若青天？我宁愿相信后者。

这是人的尺规

人充满劳绩，但还

诗意地安居于这块大地之上。"

接着海氏解释说"人只能在纯属辛劳的境地为了他的'劳绩'历尽艰难困苦。在纯属辛劳的境地中，他为自己挣得许多劳绩。但正是在这同时，在这纯属辛劳的境地中，人被允许抽身而出，透过艰辛，仰望神明。人的仰视直薄云天，立足之处仍在尘寰。"[1]这就告诉我们在浮躁的时代境遇里，应该怀着"回家"的情愫，不要忽视人劳绩的真正意义和为此而努力的原因。以为自己可以通过不停地劳作以脱离大地的羁绊，这是错误的，因为人脱离不了自己的安居之所。

教师的工作是如此之忙，以至于我们几乎没有多少时间去思考自己的生存处境。其实教师开始思考自己的时候，他们才真正拥有了自己的家园。以前有人按逻辑学解读"金钱如粪土，朋友值千金"，从而推出"朋友是粪土"的结论以自娱。我们也将一句名言歪读，其结论倒提醒现实的学校教育加以深刻的反思，那名言是雨果说的："关闭一所学校，就要多建造一所监狱"，结论是"学校是监狱"。现如今在应试教育的魔咒之下，教育走向异化，越来越像监狱，封闭式管理，学生没有任何自由，甚至连思想的自由都没有。人们意识到这个问题，却无能为力。在教育领域里，人们何时可以诗意地安居？这决定于教师群体和教育系统对新课程实施的积极性与完全性。"不跪着教书"，也许是每个教师应有的态度。

/ 教师人文态度的教育学意义与操作建议 /

人文态度作为教师人文素养的重要构成部分，加强教师人文态度的研究与理解在教学中必将发生重大的作用。教师的人文态度正如本章第一节所说的具有适应功

117

[1] [德]海德格尔.人，诗意地安居[M].郜元宝译.南宁:广西师范大学出版社,2002:75.

能、认知功能和价值表现功能，但这是从态度的最一般意义上来说的，具体到教师人文态度上来说，大概有如下几方面的作用：

首先，人文态度能使教师对自己所属的团体具有强烈的认同感和归属感，同时对与文化相关的问题具有更高的宽容度。教育教学中有些教师看到学生出现一点小违纪就会非常生气，相反有的教师即使学生犯的错误比较严重他们也能容忍，除去工作态度的问题因素，人文态度的作用也比较明显。比如持多元智能理论观的人或者成功具有多样可能观点的人往往对学生的错误能够更大容忍；相反持成绩目标唯一导向的人可能对学生会更加苛刻一点。

其次，人文态度有助于教师提高工作的效率和对感兴趣问题的理解能力。教师常有这样的感觉，当一个人怀着不太热忱的态度去理解一段科学材料或哲学故事，哪怕是去看一段有趣的小说，其在人心中留下的记忆是非常淡漠的；相反如果态度坚定的人，对即使更难的问题也会有较浓厚的兴趣和较强的认知。这也就是为什么教师常常要求学生明确学习目的，端正学习态度的原因吧！教师自己欲成为一个优秀的教师，也应该端正自己的态度。现实生活中，很多教师不务正业，在私下里大搞家教，其实是与其工作态度、人文态度不端正是相关的，当他把物质利益看得高过教师的神圣职责的时候，所有职业的天平就会向利益倾斜。

再次，人文态度能使教师引起对职业的价值认知，提高对职业的满足感和幸福感，从而当出现价值冲突的时候，他们更容易从职业内部去寻找原因。已经说明了人文态度能提升教师对职业的认同感和归属感，在此基础之上，一切有关教育的问题落在他们身上，教师自己如果处理不好的时候，他就会认为：自己解决不了这一问题，是由于专业能力不够，又或者认为是这一问题的复杂程度，他们认为只要加强研究专业知识或者加强与学生的沟通，就能够解决这一问题的。我们不认为这种作用一定是积极的，但在教师的实践中是的确存在的。

最后，人文态度能使教师在碰到与其态度相左的问题时，在非原则前提下有可能采取的自我保护规避风险的倾向。"百无一用是书生"，这是人们对教师职业的普遍定势，即在与人沟通的时候，往往缺乏社会能力。事实是，与其他专业工作比起来，教师具有更高的人文态度，对现实问题的看法更趋于理想化，在面对不涉及原则的问题时根本不作计较，因此一些计谋、权术就会远离教师的生活，这就使人们认为他们缺乏社会经验。其实教师碰到伤害原则问题的时候，他们也往往比一般人表现出更高的道德认知和道德行为，比如"5.12大地震"中，那些可敬可亲的老师在危难来临之际救助学生的举动，怎能不令人感涕。就在我们写作此书的时候，黑龙江佳木斯的一位女教师为了救学生，不幸被汽车压得高位截肢，不禁让人为之动容。

大家一起看下面的一则案例，然后根据这则案例思考怎样才能利用教师的人文态度对学生造成积极的影响。

如何正确对待学生早恋的一般流程

发现你的学生如果正在出现某种早恋的迹象时，教师已经发现的一些基本的操作模式，也是很有用的。

第一步确定两位学生已经出现了互相喜悦的情愫，并了解双方的情况，包括家庭情况，以便对症下药；

第二步开展班级活动讨论有关早恋的话题，给学生进行爱情观教育，包括经济条件、承担责任与现阶段人生的主要矛盾等相关知识；

第三步通过仔细观察发现双方中容易攻破的一方，在确保个人隐私前提下进行个别交流，使其明确正确的男女交往方式；

第四步要巩固成果，对其他方面进行鼓励，通过转移视线将学生的兴趣牵引到其他地方。

有关早恋的话题在学校教育中是非常严肃的问题，也是非常棘手的问题。因为不解决就意味着班主任威信的丢失，会导致班级中更多类似现象的出现，因此必须解决好。本案例中所用的方法，是中学教师常采用的方法，效果也是相当明显。但是近来的教育实践越来越不容乐观：由于社会开放而导致的学生性观念的开放，早恋变成了常态；资讯发达条件之下，学生对老师如何对付学生的措施也是心中有数但阳奉阴违的；家长、社会，尤其是媒体在不懂教育的情况下，以人权隐私等为借口，横加干扰，致使这种情况有愈演愈烈的趋势。对于这样的问题，教师不能通过改变自己来顺应他们，否则真的就应该像美国的教育一样，给孩子们大讲生理卫生课并配备相关的用具了，还得从意识上理解这是他们固有的权利。这不是我们的国情，也不是我们的文化，更不是我们的未来。教师还是应该懂得去引导他们，那就是去引导学生的人生态度，让他们理解人生，理解人权，理解生活，这是人文态度角度可以使用的方法。其实一个对自己未来人生负责任的孩子，是能够知道恋爱不是学习阶段的主角的；而且许多执着于事业发展的成年人贻误恋爱，本身也从侧面反映出醉心于学习的人是不该让爱情来改变目标的，尽管我们不赞同工作以后还忽视生活的那种观点。

　　为了有效地形成人们的态度，我们有必要了解一下影响态度形成与变化的因素，从而有效地影响学生的态度以利于教学工作的有效开展。这些因素大致有四个方面：第一是交流信息要发挥差异压力的作用。一般情况下，当认知对象对引起态度的条件有较强差异压力影响时，容易形成或改变态度。比如有早恋倾向的学生如果确信老师说研究者统计发现凡早恋者学习一定下降的时候，学生就会改变对早恋的态度。第二是交流信息的来源要体现劝导者的可信性。确实，信息来源的可靠程度越高，劝导的效果将会越好，反之效果就比较差。比如教师比家长对早恋的教育上更有说服力，原因在于这些家长往往与学生本人缺乏沟通；如果请来心理学家或者心理医生，则说服力又比教师好，这原因就是因为他们比教师更专业。第三是目标对象的个性因素。目标对象原有的态度信奉程度、对劝导的预防能力以及个体的性格差异都会影响到劝导的效果。在研究这个问题时我们随便点击了一些学校的"百度贴吧"，可以发现学生对教师使用什么手段来教育孩子他们也是有讨论的，这就要求教师必须认真摸清学生的情况，包括与其家长沟通了解问题所在，这样对学生的早恋倾向教育才会更加有效。第四是情境因素对劝导也有作用。在什么样的环境之下进行教育是一个非常有意思的教育问题，抓准了教育的契机，产生的效果比胡乱的教育不知好上多少倍了。[1]

早恋现象只是一个例子，采用科学合理的手段，教育学生形成正确的态度本身也是教师人文态度的一部分，因此建议各教师在改变与形成学生人文态度的时候，可以进行如下操作，虽然这些操作步骤在介绍具体人文态度的时候已经有所说明，但简单总结一下还是很有必要的。

第一步：了解人文态度的意义。态度决定人的命运，说的是态度对人做事效率起着巨大的促进作用。想想刘备三顾茅庐的态度和拿破仑小学时一下课就去挑衅欺负他的高年级同学的态度，就知道态度对人处理事情的意义了。

第二步：选择掌控自己的生活路径。人生本是在不断地选择中前行的，任何一个人都可能面对顺境和逆境，对于顺境不能骄傲，对于逆境同样不应该绝望，这才是正确的人生态度。问题的关键不是我们处于何种境地，而是面对情境所作出的正确选择。面对所带班级全面考差的情况，你还能保持淡定并鼓励学生前进么？这就是你成功的秘诀，也是树立学生信心的源泉。

第三步：认识自己，克服不良态度或者将其转化成良好的态度。不要把自己的缺点和失败放大，这样做的结果只能是自欺欺人。因为从时空观的角度来讲，这些错误不会永恒地影响人的成长，即使存在也不构成毁坏整个人生的理由，而且更"阿Q"一点说，这样的问题说不定人家也会碰到，又不只我一人。如此一来，人们就可以从不良的现实中走出来，但不管怎样人们还是应该用严肃地态度来面对人生的道路。

第四步：找出自己的优点，确定人生的目标，端正态度并为此而努力。人们很容易发现自己的优点，但问题是怎样利用这些优点去为自己牟利，又或者是不能确定自己的人生目标，更不愿意为此而奋斗，所以这个世界上成功的人总是属于少数人。引用一本书的书名"成功只是比人家多坚持一点点"，真是至理名言。当鲁迅决定放弃医学从

[1] 冯钢，王小章.社会心理学教程新编[M].杭州:浙江教育出版社，2004:169—175.

事写作的时候, 谁能预知到中国未来的思想家就此诞生了, 但他做到了, 这就是值得我们学习的地方。

第五步: 换个想法, 自我激励并做好准备以待时机。正如第三步所说的那样, 对待一件事如果没法完成的时候, 是不是意味着我们方法的不正确, 也许换一个想法, 世界因此而改变。如果不能改变世界, 那就改变自己, 并不断地鼓励自己, 继续奋斗, 胜利只在一念之间。一位企业家的话同样值得教师学习:"今天很残酷, 明天更残酷, 后天很美好, 大部分人死在明天晚上, 看不到后天的太阳, 创业者要懂得左手温暖右手, 要把痛苦当作快乐, 去欣赏, 去体味, 你才会成功", 从我们的角度来看就是要不断地自我激励, 把痛苦当成快乐来看待就是要转换思维, 不要执着于原本可能并不正确的固有想法, 将其看成是一次成功的机会, 从而追求并实现成功。

第六步: 分析成功的自身条件, 寻找各方面的帮助。很多教师面对学生成绩较差的时候, 想得更多是这些学生为什么如此之差, 他们如何地不听话, 而不思考自己的教学是不是有问题。这一现实事实上与教师的态度不无关系, 如果教师的态度更有人文性一点, 他就应该懂得学生是一个智力有差异的群体, 但与其他班级比起来整体素质还是差不多的, 这样还考得差就断然不是学生的问题了。这个时候, 教师就应该认真分析自己的教学, 实在不行的话再找同事或者相关专家请求帮助。

总之, 教师所持的人文态度将直接影响到学生的学习与教师自身事业的成功, 这些步骤虽然看似复杂, 但实质上仍然还是心理学家所说的三步骤而已。为了使这些步骤能更有可操作性和可理解性, 在此提醒大家应该适当注意的细节, 具体见下表。

人文态度影响学生的注意点

影响态度的阶段	操作的具体步骤	操作注意点
模仿与服从	第一步	了解态度的相关知识
	第二步	坚持正确的价值观，以身作则，以此引导学生服从和模仿
认同	第三步	认真分析自我，罗列自己的优点和缺点，指明改进的措施与保持这种状态的机制
	第四步	懂得依有利于人生发展的道路进行自我激励，而不是外界的影响
	第五步	明确人家的帮助对自己是同样有效地，能果断决定采用何种帮助
内化	第六步	确立和修正自己的态度，在既定的人生目标道路上奋勇前进
	第七步	克服保守的思想，以与时俱进的思想来要求自己进行态度的改变

教师人文态度

现在回过头来看本章的案例，根据已有的人文态度形成知识，分析这些案例的具体操作步骤，我们也许能够得到一些启发。如果大家能够认真地总结这些启发，那么这就是我们对你态度的影响了，自然也就是我们的一点期望和小小的成功了。

/ 教师人文精神

教师的人文精神一直以来得到人们的普遍关注，因此对于教师应该具备怎样的人文精神，以及教师如何进行人文精神的规训与学习，都成为大家共同探讨的主题。我们当然不能拾人牙慧，同样不可能绕开已有的研究而闭门造车一番，这本身也不是人文精神的正确做法。本章中我们主要探讨教师人文精神的内涵，教师人文精神构成、现状与发展以及教师人文精神的教育学意义和操作建议。

/ 教师人文精神内涵 /

20世纪90年代中期，国内学术界围绕人文精神问题进行了比较激烈的讨论，其中的焦点之一就是对人文精神内涵的讨论，这当然是涉及人文精神问题研究时绕不开的话题。不过值得欣喜的是，国内对人文精神研究的热闹程度已经目不暇接了，随手都能找到一些相关的定义，成功的不成功的、圆满的不圆满的，虽然人们对人文精神的具体内容并没有多大的出入，但仍然难以达成较为一致的看法，致使后继者每每进行人文精神含义的论述的时候，必然要"旁征博引"地进行一番梳理，的确浪费了不少的时间。在没有取得共识之前，我们不可避免地要在这一问题上重蹈覆辙，耗费精力。弄清人文精神的内涵是理解教师人文精神的前提，因此在本节中将用较大篇幅来论述人文精神的内涵问题。

"人文精神"一词系出西方，为文艺复兴时期首次提出，之后其影响才遍及欧洲乃至世界，因此我们仍然认为人文精神的内涵应该放在自文艺复兴时期至现代知识经济时代（特别是网络发展的今天）为止的历史发展过程中去理解才是较为可靠的，脱离这个历史过程所作的人文精神内涵的认识必然是缺乏历史性的、不完整的定义。这是人文精神的历时性特点，作为共时性的特点根据人文素养的内容构成来理解，则必须从其在人文素养中的地位来确定其意义。在此基础上，再将此概念拓展延伸到人类普适的价值角度，也许能够获得一个较为科学的定位。

由于人文精神构成内容的普遍性，再加上我国学术研究的疑似考证传统，总喜欢把人文精神的发生推广到更早的历史，尽管任何优秀的思想必然已经萌生于先于该思想所产生的时代，但那终归有些牵强；同时也希望从我国历史中寻找到类似的精神品质，按照人文精神的共通性，说我国早已存在人文精神也绝不为过，但是仅仅对人文精神内涵的挖掘则完全可以绕开这两个"传统"理路，而且这更有利于人文精神内涵的界定。

"精神"按照黑格尔的理解指的"是自己本性的判断，同时这又是一种自己回到自己，自己实现自己，自己造就自己，在本身潜伏的东西的一种活动。依照这个抽象的定义，世界历史可以说是'精神'的表现，如像一粒萌芽之中的已经含有树木全部性质和果实的滋味色相，所以'精神'在最初迹象中已经含有'历史'的全体。"[1]当我们界定一段历史并以其作为研究基础的时候，就已经开始了对精神内质的追思；换句话说，要理解"人文精神"的含义，文艺复兴时期已经浓缩了继后所要思考的一切根源，就像中医的理论所说的那样，从耳朵或者足部就能寻找到对应于全身的穴位。

---

[1] [德]黑格尔.历史哲学[M].上海:上海书店出版社,1999:18.

文艺复兴的主要发生地是在意大利，这就意味着意大利当时的历史背景为其发展提供了条件，分析清楚这一些条件自然也就容易厘清文艺复兴的精神脉络了。欧洲中世纪的黑夜正在被资产阶级革命的白天驱赶，文艺复兴时期正处在天空微微露白的时候。在意大利北部的佛罗伦萨、热那亚和威尼斯等城市经济有了较大的发展，中世纪时期的富裕权贵们和已经拥有较大财富的新兴资产阶级们在这些城市里比肩而立，不仅如此，此一时代传统的贵族也开始适应资产阶级的生活方式进行着银行业、商业和工场制造等。意大利特殊的地理位置使得先前古希腊所保存的大量文化遗存在此生根发芽，再加上因祸得福的理由：早先奥斯曼帝国攻陷君士坦丁堡，东罗马帝国灭亡，大批受到东方文化影响，保留着古罗马帝国精神的人才逃往意大利，带回了许多新鲜的思想。资产阶级群体的发展越来越要求在意识形态领域里也能占有一席之地，他们开始培育顺应资本主义生产方式的学生和未来事业的建设者与接班人。越来越多人们开始投资文化事业，致使文化一度相当开放和发达。然而统治着意大利地区的教皇老爷们还在他们的贪污腐败、不思进取、沉湎神学永恒的旋涡中不能自拔。市场经济的自由平等人权观念与封建教廷保守等级神权观念之间的矛盾、以人为中心的观念与以神为中心的观念之间的矛盾等造成了新兴贵族、资产阶级与传统封建地主阶级、教廷之间的裂痕越来越大，这沟壑是如此之大以致单纯靠武力已经再也没有办法愈合了，在此背景之下文艺复兴爆发了。众所周知，人文精神兆端于文艺复兴时期，因此，这个时期的思想争论就构成了人文精神最初的核心内容：肯定人和人性，张扬人权，反对神权与神学乃至宗教统治，也就是将政权从教权中独立起来。

文艺复兴以后，由于思想的开放，意识形态领域出现了自由的空气，导致资本主义的生产方式得到普及，反过来对生产力提出了更高的要求，特别是对生产工具的要求到了"饥渴"的程度。如此一来，这一时期出现了科学技术的发展，从而更进一步造成了人文精神的新的变化，其亮点是在牛顿力学规律的基础之上，人们希望能够将一切包括人文学科、乃至思想、宗教等都纳入到经典力学的规律范畴中去，不仅自然科学工作者甚至普通老百姓都认为一切均是合规律的，据说牛顿在晚年还不惜精力去研究"上帝是如何参与规律的过程"这一问题。这一时期的影响是悠远漫长的，直至现在存在的科学主义只不过是"知识就是力量"的回响而已。

肯定人和人性，但不是放纵；肯定人在天地之间的地位，但不是人类中心主义；反对教权，但不是把人的信仰也统统阉割掉……人们意识到理性并不能解决一切问题，这就留给了不久之后的启蒙运动思想家们去做了。这一时期的中心思想是对人性加以限制，不能完全放任；开始考虑人与人之间平等与财产公正等；在政治领域里倡导民主、社会契约和互相监督等。启蒙运动虽然是对文艺复兴的一次修正，在有关人性方面也的确维护了古代的荣耀，但在对科学万能的问题上终究未能阻止其肆虐的势头。

20世纪初英国人斯宾格勒发表了《西方的沉没》算是启蒙运动之后，第一次对科学主义和理性的正面交锋，但当时的人们好像并没有对此有什么关注。第一次世界大战爆发之后，与该书成为欧洲的畅销书的命运一样，对人文精神的关注也进入了一个热点时代，到第二次世界大战之后，人们特别是哲学家们思考得就更多了。翻看任何一本近现代西方哲学史或者思想史，都大量地充斥着各哲学家对丧失理性的现实的批判与反思。人文精神就像是一棵弱小的幼苗一样慢慢地成长着，但是科学主义的幽灵越来越猖狂，特别是以基因技术、生物技术和遗传技术为核心的现代技术不仅挑战着人类伦理底线，还开始褫夺上帝的造物权力。人文精神在这个时代里不是要对人性的张扬作贡献，而是应对人性的规范负责。最近几年，网络与手机的发展，虚拟领域的人性问题也纠缠着人文学科工作者去思考更复杂的问题。

整个人文精神的发展史，从探讨人与自然的关系中萌芽，在处理人与神的问题中确立人文精神，在解决人与自然的关系中确立了人的中心的地位，同时又培养起了一个人类自身都没有办法解决的魔鬼——用于彰显人高于自然时所用的科学工具，到了现代尤其是在计算机技术和网络技术发展之后，这个工具更是创造出了一个新的世界（虚拟世界）而使人类迷茫了，同时也被这个新的世界所"遮蔽"了，抛弃了。

因此人文精神指的是以关注人的生存与尊严，肯定人与人性、重视人或人类共同体的日常生活与自我关怀，在此价值标准之下凝结于人的思想意识、思维方式等的历史积淀。它属于意识的范畴，但排斥意识领域的归属。主要表现在人与自然之间突出对人性的肯定、人与国家之间突出对人的天赋权利的彰显、人与自我之间追求自我修养与诗意的安居、人与虚拟世界之间突破异化，回归本真的精神旨归。它的特点是具有社会历史性，普遍价值性和相对独立性。

与人文素养比起来，人文精神构成其核心和基础，人文精神的内质贯穿于人文素养的各个部分，与各个相关部分又都是紧密联系的。人文知识是人文精神的精神载体，所有的人文精神内容只能通过人文知识才得以体现，通过学习来培养一个人的精神，但是拥有人文知识并不必然拥有人文精神，这两者之间需要人自觉地去反思与体悟，两者是互相促进的。腹有诗书气自华，体现出人文知识的学习有助于人文精神的提升；相反，怀着对知识的敬畏之心，同样更有助于知识的学习。

人文精神在人身上外显为人文态度，因为精神不可能为人所直观，却可以让人们在其态度指引下的行动来观察到。态度决定命运的口号，一定程度上反映出态度指引下的人文精神的完善，其中的逻辑是，态度决定习惯，习惯决定性格，性格决定行动，行动决定命运，甚有道理；同样，人文精神是人文态度的前提，良好的人文精神必然影响到人看待世界的态度。

人文精神的具备一定程度上还会影响到人们处理事情的能力和方式，也就是人文方法；反过来人文方法的使用也足以看出一个人的精神面貌。看下面的这一则案例，大家也许可以从其中寻找到相关的人文精神，同时比较其与人文知识、人文态度和人文方法之间的相关性。由于在教学中人们不一定采用整个课都围绕人文精神主题来进行的，因此这里选的都是一些相关的片断或思考。

不同学科人文精神的呈现片断示例

甲：评价历史人物或历史事件是历史学科最基本的任务之一，但是完全照本宣科显然不符合新课程新理念的要求，也不符合历史教学任务的要求，因此倡导让学生根据历史事实，收集历史证据来做评价是最好的方法了。学生们都能找到证据去证明秦始皇功大于过，按照一般要求建立了中央集权制度、统一文字、车同轨等。但是这种探索是不是就是人文精神的体现呢？按一般人的理解应该是够了，他体现了以学生为本的人文精神，尊重了学生的认知权利等。

教师能不能拓展这一教材中的定论，这是教师人文精神的反映。其实从生产力标准来说，的确秦始皇的功绩大于其过错，但是从整个人类历史来看，或者从人文精神的角度来看并非如此。我们是否可以得出秦始皇过大于功的观点呢？作为文科教师应该具有这样的心胸，这样的批判精神甚至这样的知识。秦始皇的中央集权制度为中国历朝历代树立了榜样，同样其"焚书坑儒"的劣迹也为后世立下了"榜样"，那种泯灭人性的做法、那种荼毒文化与文化人士的愚民做法影响的何止千年。（历史课）

乙：前面半节课我们已经讲过市场调节资源的优点，也分析了宏观调控的好处，也告诉大家要一分为二的来看这两种调节方式的作用，不能笼而统之地认为某一调节方式是万能的。下面听听某日报记者的一篇文章："目前我市的物价上涨已经超过历史最高水平，尤其是生活资料价格的上涨已经严重影响到居民的生活，许多普通民众都感到承受的生活压力越来越大了，希望政府能够为控制物价做准备。同时，我们也认为政府应该对关系居民基本生活需求的白菜等商品实行政府定价。"这里学生们应该知道，白菜也实行政府定价这种做法是不对的，说明这个记者对市场调节是不清楚的。其实大家应该看到，现实中国的市场经济为什么在专家看来是不完全的市场经济呢？就在于这个市场仍然是把宏观调控作为基本的手段，或者是绝大部分采用了宏观调控。这与市场经济应该让市场在资源配置中起基础性作用的基本精神是相违背的。（这是政治课体现的"鼓励学生敢于批判现实"的人文精神教学）

丙：我总是很纳闷应该如何对学生进行人文精神教育，其实自己也知道艺术是人文精神教育中最重要的学科之一，但是在教学过程中应该如何去组织这还是一个问题。前些天，我看到语文老师要求学生写电影《泰坦尼克号》观后感时，有一个学生写到："电影的音乐非常美妙，不仅节奏、韵律很美，而且其蕴含的意境也很美，就像在人们争相让女人与孩子先登船离开的时候，有一支乐队在甲板上演奏音乐，这一段音乐如天籁荡涤着人们的心灵，即使面对死亡也是毫不畏惧。"这就是音乐的力量啊！这不就是我们要找的人文精神教育的方式吗？后来我试着去寻找此类片段，用视频的方式展现给学生看：盲人阿炳在人们苦难的时候发出的二胡声、老人与海搏斗时的声音、雪域高原上阿姐鼓的恬静等等，都收到了意想不到的效果。（音乐老师的反思：大自然蕴含着自己的优美、崇高与悲壮）

丁：初中化学老师在给学生讲NH_3的时候，介绍说它是农业上一种极其有用的化肥，它能够促使农作物提高光合作用的能力，从而提高生长的速度。但NH_3是一种易挥发的气体，自然状态下常常以氨离子的形式存在，比如人尿中就含有$CO(NH_2)_2$，因此人们把这种物质称为尿素。这时突然有一个学生提问："那老师如果从我们的尿中提炼出尿素，给植物施肥不是非常好的办法吗？"这时有许多学生已经开始笑起来，因为他的问题很荒谬。这个时候老师解释说："的确，人的尿液中尿素的含量约有0.4%，提炼的成本有点高，所以一般不用这样的方式。由于这种化肥有挥发性，所以农业上直接使用原尿的方式。"其他学生都觉得奇怪，老师为什么不直接说用尿呢？老师接着说："你的思考方式很好，生活中处处有化学，把化学用到生活中，在生活中发现化学，这是科学创造的基础。以前有个医生整天为治疗一种脚气病而烦恼，后来他在一次旅行时发现当地人根本没有这种脚气病，是因为他们总是吃一种粗粮，这个医生从这粗粮中提炼出的药就是治脚气的良药。"这时其他学生忽然眼睛里亮亮的。（化学课指导学生不能因为专业而忘了生活）

戊：陈景润的老师教育学生，未来的科学家说不定就在同学中间产生，对陈景润产生的积极的影响，是对人性的鼓励。（数学课）

人文精神的教育不一定只表现在人文艺术学科如历史、政治和语言、音乐以艺术等，也表现在自然科学领域里，其实科学精神也是人文精神的一部分。科学精神包括创新精神、批判精神、探索精神和怀疑精神等，人文精神则是对人本质的追求和对人类命运的关怀，是人类全部文化中凝结的文化精髓。科学精神是人文精神中极其重要的部分，没有科学精神的人文精神是不完整的，其实科学精神的发展也为人文精神的发展开启了新思路；然而正如科学主义的弊端需要用人文精神加以规范一样，科学精神同样需要在人文精神的观照之下才能有效地开展。

实际生活中，我们也发现每一个人在思考的时候总是受到某种价值观的影响，受到道德教化动机的影响；也就是说人文学科的思想家们在追求客观真理的时候，总是先验地怀着一种教化的念头在里面，并时刻左右着他的学术思考路径。这在自然科学家看来是有欠客观的，因此有着数学背景的哲学家罗素就反对这种哲学思想，提出要在纯粹思想和知识基础上思考问题。这给人文精神研究的启示是要回到人类原初状态下去研究这种精神的主旨，但这显然是不可能的，作为一种思考问题的理想有其合理性，在实际工作中却几乎行不通。因为即使自然科学家也是在一定的价值判断前提下进行着科学探索，只不过他们的前提是实用，希望对解决现实或者了解世界有指导作用，但是在不同的人那里，实际作用是完全不同的，这就是科学研究绕不开的伦理问题。这也就从根本上说明了人文精神与科学精神的辩证关系。

教师的人文精神指的是教师在教学过程中坚持以人为本，关注学生的生存与发展，肯定其思考的权利与能力发展的需求以及相关情感态度的发展的精神诉求，这种精神诉求即教师的人文精神。肯定教师的人文精神就是要反对对学生进行唯成绩为优秀的评价观，反对视学生为静止不变而不是发展的个体，反对视学生为单一发展而不是全面发展的个体。在教学中，教师能够始终把学生的人性作为思考教学与实践教学的第一要务，则表明了教师已经具备了必要的教师人文精神。

教师人文精神构成

教师人文精神的定义虽然至今未有定论，但是其中的内涵还是基本确定的。事实上正如人们在研究之初所发现的那样，人文精神始终是围绕着人性而展开的。在教学实践中尤其如此，能不能把教育对象作为一个活生生的个体来对待，看到他的全面性，看到他的发展性，看到他的主动创造性，就是教师有没有人文精神的反映。看看下面的事例也许大家可以找到自己的一些影子。

教师的自我形象是这样的吗?

老师们很开心的谈论着各种各样的新闻, 从国家大事到里巷小事不一而足, 因为期中考试终于结束了。学生们非常惶恐地等待着成绩出来, 因为期中考试后意味着马上就要开家长会了, 因此好多学生都来办公室里来校对成绩, 看自己究竟得了多少分。学生们有的垂头丧气, 有的沾沾自喜, 真是几家欢喜几家愁。老师则一一地给学生分析情况, 或者时不时地与其他同事聊一下天: 聚香楼的手撕鸡不错, 应该去尝一下了, 也算是犒劳一下自己, 期中考后也该轻松一下了。这时, 年级组长走进来说: "各位老师, 期中成绩已经统计结束了, 在学校内网中大家仔细看一下吧。这次成绩不是非常好啊。"大家就开始点击电脑, 发现各位老师的成绩都没有完成指标, 于是大家开始愤愤然起来。上课的铃声响起来, 一些老师不太情愿地走进教室, 对学生进行大骂。"亏我平常对你们这么好, 作业少做, 经常加班, 你们竟然考得这么差, 真是不争气。"下课后, 他们还气呼呼地走进办公室, 嘴里不停地数落着这些学生的不是, 这样的悲观状态也许还将持续一两天。

的确, 考试差是谁也不愿接受的事实。教师这个职业平常工作要比其他职业来得长, 几乎抛弃生活地照顾这群孩子, 工资又那么少。许多老师其实在乎名誉比工资来得尤甚, 但是学生们如此不争气, 让教师情何以堪。其实, 造成这种情况的原因不能只怪教师, 因为他们不过是工业流水线上的一颗螺丝而已, 组织这台机器运行的是整个教育系统制定的评价标准。这个评价标准到了积重难返的程度, 以致教师的职业越来越不像人的生活, 异化到了相当的程度。所以, 很多教师在工作了几年之后, 就会不同程度地出现"职业倦怠"、抑郁与幼稚病等, 也是必然的现象了。

可是一个积极向上的有着人文素养的教师当如何面对自己职业生涯的停滞, 如何面对这些来自不可抗拒的环境因素, 如何面对教师教育的神圣使命呢? 也许根本出路还在于教师自己要坚守人文精神的底线。在现行教育体制之下, 面对时代的召唤, 只有充分发掘教师的作用才能为解决这个问题而努力, 尽管这种努力只能是"螺蛳壳里做道场"，但相信通过大家的努力，随着时代民主气象的更新发展，会迎来教师发展的春天，人文气息也将沁入社会的每一个角落，这才是我们追求的最终结果。

在此，我们有必要一起了解一下，当今时代教师的人文精神大致有哪些内容构成，以期为教师的教学实践提供可行的方向指导。正如本章第一节已经指出的那样：教师的人文精神指的是教师在教学过程中坚持以人为本，关注学生的生存与发展，肯定其思考的权力和能力发展的需求以及相关情感发展的精神诉求。那么这种人文精神在教学中就是强调以人为本的中心理念，注重学生知识与能力、过程与方法、情感态度与价值观的培养，关注学生的全面的个性化的立足终身的发展，尊重学生自主合作探究的思维权力和能力发展权力。参考人文精神形成与发展的历史，吸收人文精神内涵的精髓和人文方法运用的技巧、人文态度的习得过程，结合新形势下教育教学改革的实践成果，提出人性化的教师人文精神大致有如下几个方面。

自由、平等和博爱的人性观念 /

文艺复兴时期思想家们追求的诉求如果到今天还有什么遗留的精神财富的话，那就是自由、平等（包括正义）和博爱（包括宽容）的人性观念，这作为人类共同的财富已经深入到世界各民族的文化中去了。因此，在现阶段讨论教师的人文精神，不得不从人文精神的发展源头上开始教师的精神架构。

自由，包括精神的自由和行动的自由。精神领域的自由也就是说人们在遵守法律和公序良俗的前提下有自由表达思想的权利和能够表达自由思想的权利。很多名人都曾为自由树碑立传，或为其献出生命。后者如怀着革命理想的人们，都曾为着导师们所憧憬的美好未来而耗尽青春，流尽血泪；前者如卢梭所说："放弃自由，无异于放弃做人的资格。"据说这种思想在《美国独立宣言》中被定义为最基本的原则，其地位仅次于生命。其实，政治学对自由命题的讨论一直是比较热闹的，也涌现了相当多风格迥异的观点，大致可以参看有关论著，如英国人杰弗里·托马斯著的《政治哲学导论》，该书对自由、平等、民主和正义等相关政治概念作了系统性地梳理，很值得一看，也可以作为人文知识的一部分来学习。但马克思主义的自由问题的探讨也许是更符合人性的意义，兹简述于下。

马克思主义认为精神自由是人的类本质特征之一。马克思在《1844年经济学哲学手稿》中就提出"一个种的全部特性、种的类特性就在于生命活动的性质，而人的类特性恰恰就是自由的有意识的活动。"[1]其实深入思考马克思之所以把精神自由当作人的类本质属性，其关键就在于人有意识，正是这种意识把人从动物界中分离出来。其次，马克思还认为自由是在改造客观世界基础之上以发展自身能力为目标的生存或发展状态。这在以前的高中政治课本还能见到类似的观点，马克思认为自由是人类发展的最高阶段，在这个阶段里，人类经由必然王国进入以能力发展为目的的自由王国。他说"在这个必然王国的彼岸，作为目的本身的人类能力的发挥，真正地自由王国，就开始了。但是，这个自由王国只有建立在必然王国的基础上，才能繁荣起来。"马克思所说的必然王国就是人类能够在有限资源条件下进行的对世界改造的阶段，而自由王国则是以人类自身能力的充分发展为目的的。这一论点虽然不能如政治哲学研究那样严密地论证自由的概念，但切切实实地对现实造成了影响，而且可以更进一步地说，对人文精神的教育乃至整个教育都不无启示。

以鼓励学生能力发展的目标在教育领域里突出的表现为苏联教育家赞可夫提出的"发展性教学理论"，赞可夫是维果茨基的学生，因此在其老师最著名的"最近发展区"理论基础上提出，"'一般发展'是教学的目的，只有当教学任务落在'一般发展'的'最近发展区'，才能促进学生的一般发展"。该种教学理论的中心思想是"以最好的效果，促进学生的一般发展"，即"系统地、有目的地在学生的发展上下功夫"。[2]这种教学理论能够诞生在苏联，不知道与马克思主义有无直接关联，但可以肯定的是给

[1]　马克思恩格斯全集 (第42卷) [M].北京: 人民出版社, 1979: 96.

[2]　顾明远, 孟繁华.国际教育新理念[M].海口: 海南出版社, 2003: 222.

学生一个自由学习的权利,提供给教师一种能够鼓励学生自由获得身心体验的教学方式,的确是人文精神的最佳落脚点了。

"勾践灭吴"的教学片断

教师试图通过讲述"卧薪尝胆"的故事来提请学生意识到勾践是通过怎样的严格要求自己,不忘国耻,劳身焦思来成就自己,最后取得灭吴的胜利。但在实际教学中,碰到了学生不能充分理解"卧薪尝胆"。

师:大家注意,勾践通过每天尝苦胆来告诉自己不能忘记国耻,从中可以看出勾践的坚强决心和顽强的毅力,只有这样的人才有资格和能力完成最后的灭吴大业。好,现在大家与勾践一起来感觉一下:他所受的痛苦与他付出的努力。

生:老师,胆是什么,它有多苦啊?

(教师发现其他学生也用渴望的眼神看着自己,该怎样向他们解释呢?他想到了"最近发展区"理论。)

师:你们在生活中碰到过最苦的食物有哪些?

学生们思考后回答。

生1:苦瓜。

生2:中药。

生3:……

师:其实勾践尝的苦胆是鱼胆,这个东西比你们说的东西要苦上好多倍,据说如果弄破的话还有毒。现在,大家再重新感觉一下勾践的痛苦。

这时学生们有的眯起眼,有的紧闭着嘴,还有的摇起头。

平等,指的是地位的平等,不论种族、性别、信仰、出身、年龄等每个公民相同的拥有权利和义务。扩展到精神领域里,也指真理具有客观性,其真实性只能由事实与实践来确证,而不是由权力、金钱等外在因素来确证。平等也许是人们关注最多的话题,当然也是最不容易让人理解的概念之一了。现在网上流行的由哈佛大学桑德尔主讲的《公平与正义》视频讨论的就是相关的问题，该视频讲座幽默风趣，知识丰富，充满着思辨与论证，深受大家欢迎。作为培养人文精神的一部分，我们也许可以一看，而且桑德尔教授本身的教学风格也体现出了"平等"的精神，他站在那里时而仔细地倾听学生的回答与辩论；时而插进一些问题与纠正；时而又引入到一个新的理论中去，即使是在视频外的我们也能获得一种特殊的"平等"感。把正义与平等放在一起，不是因为两者多少相似，只是在人文精神的观照之下，两者有着许多共通的东西，尤其是其对教育的现实意义上来说。

对于平等与正义的论述，马克思也有自己的看法。他认为平等包含着几个方面的平等，即：(1) 在道德价值的角度来说，人与人之间人格的平等；(2) 机会平等，强调每个人都有与他人一样获得发展机会的权利，而不是通过"拼爹"、"拼钱"和"拼其他什么东西"；(3) 付出与报酬之间的平等；(4) 强调公平发展的方式，从而确证平等的基础公平。[1]所以，政治哲学史家托马斯把马克思主义的平等理解为这样一句话："这是指它赋予所有人以同等的道德地位，并且否认人们在道义价值上的差别对于法律或政治秩序的意义"。[2]马克思对正义问题的思考是放在资本家与工人阶级这一对矛盾体中来思考的，因此其"正义"看法无形中就带上了历史性与价值性的特点。如果想更进一步了解有关"正义"的精彩内容，可看前面说到的桑德尔《公平与正义》讲座的第一集内容；也可参看博弈论的经典案例"囚徒困境"和"智猪博弈"是如何由非理性通过博弈走向正义的相关论述。

了解平等与正义无疑对人文精神的教学是非常必要的。从最一般意义上来说，是不是每一个学生，不论民族、性别、智力以及其他先天的因素与家庭背景、户籍等后天因素，都有平等就学的机会，以及在获得这一机会之后，是否具有公平的学习机会。这不是教师具备一定的人文精神就能完成的，但是对教师而言，就是要在提供给学生

[1]　[英]杰弗里·托马斯.政治哲学导论[M].顾肃，刘雪梅译.北京：中国人民大学出版社，2006：329-332.

[2]　[英]杰弗里·托马斯.政治哲学导论[M].顾肃，刘雪梅译.北京：中国人民大学出版社，2006：327.

学习机会的前提下，给予学生公平发展的可能和方式，使他们能够通过自己的努力来获得成绩，而不是抄袭作弊以及各种不合理的加分等方式来挤对他人的。

能不能表扬通过不合法手段获得的高分

小王是这个班里最为顽皮的学生，大家都认为这个孩子本身比较机灵，只是注意力不集中，整天没有多少时间花在学习中，导致学生基础不扎实，作业与考试往往都比较差。班主任也想通过什么方式来鼓励小王能够转变学习态度。有一次，小王在月考中考出了好成绩，特别是数学课，可是学生们都知道他是通过抄袭而获得这个分数的。原本想给小王以表扬的，意图通过这次考试来提升其学习积极性的，班主任碰到了一个棘手的问题："该不该给小王以表扬呢？"这个问题与任课老师一商量，结果答案公说公有理，婆说婆有理。

有人认为表扬可以提高其积极性，错过这次机会就没有下次了，明知其假也要表扬，如果他是一个可造之才，定然能够幡然悔悟的。

有人说如果是假的成绩，就不能表扬，不批评已经不错了，因为这会助长一种不劳而获的风气。

班主任左右为难，最后他选了一个办法，跟小王单独交流。

（如果你是这个班主任，从"平等与正义"的角度，你会如何做呢？）

博爱是指自由平等前提之下人们之间怀着普遍的爱去对待其他人或物（现在的生态哲学家甚至把爱延伸到了自然界甚至整个世界），更懂得尊重其他人的权利平等与自由。将博爱与宽容放在一起不是因为有着共通的意义，而在于人们已经习惯了自由平等博爱并举，故而为此。博爱是人类的一种美好的追求，同时也是一种理想的行为，在教育中主要体现为用爱去关心学生，让学生感受到爱的力量，并致力于自己的学业。在这种教育形式这下，学习者能够在轻松和民主的氛围之下体验知识与情感的交融，珍惜学习的机会，获得学习的真知。正如以往许多教育家们所发现的那样，现代的人们同样感受着博爱教育的积极力量。也许是人类共通的心理，他们几乎用了同样的比喻方式来说明博爱教育的伟大。巴特尔曾说："教师的爱是滴滴甘露，即使枯萎的心灵也能苏醒；教师的爱是融融春风，即使冰冻了的感情也会消融。"我国当代教育实践者夏丏尊也说："教育不能没有情感，没有爱就如同池塘没有水。没有水就没有池塘，没有爱就没有教育。"当然有关博爱教育的话，大家一定会想到苏霍姆林斯基的话，"爱，首先意味着把自己心灵的力量献给所爱的人，为所爱的人创造幸福。"他也用比喻强调"教师要像对待荷叶上的露珠一样，小心翼翼地保护学生的心灵。晶莹透亮的露珠是美丽可爱的，却又是十分脆弱的，一不小心露珠滚落，就会破碎不复存在。学生的创造心灵，就如同露珠，需要教师和家长的倍加呵护。"其实，不需要过多的引用先人们的有关这方面的论述，单是看看当今著名的特级教师（李吉林、于漪、魏书生等等）的论著我们就可以发现那渗透于其中的"融融的爱"。

上面所引的巴特尔也曾这样说："当任何一个特别胆怯的、胡言乱语的小淘气被他的父亲送到你的学校里来时，您以他所应得的轻蔑的态度对待他，而以后又使他的生活成为他多年的负担时——请您记住，您这样做恰恰是在把这样的孩子装扮成为您未来的所作所为的记录者。不要让一个可怜的、眼神疲倦的小家伙无言地面壁而立，焦急地等待着。"[1]现在大家回过头来，再思考陶行知当年用糖果奖励学生来代替批评的小案例，是不是在其中品味到了爱的力量。当然最终能不能取得那种成功，还得看实施者的分寸把握。看看相关的教育类杂志，比如《班主任之友》、《人民教育》等或许能够学到很多，在此基础上结合自己的教学实践进行深入思考，也许能感悟到你的爱，你的成功。

人权、民主与解放的国家观念 /

教育不知从什么时候起，总之是在很久以前的时代里，人们已经把培养良好地政治公民的任务赋予了教育。可是承担教育的使命与展现国家观念的本质来说还是有很

[1] [英]乔伊·帕尔默.教育究竟是什么? [M].北京: 北京大学出版社, 2008: 183.

大区别的，许多西方教育思想家们甚至发现，过度地将政治任务交到教育的手里，是在迫害教育；但让教育离开政治则同样是严重的错误。不能把教育放在政治的框架里跳舞，但要鼓励教育承担起政治培养的理想，发展这种人文精神对教师来说就是要尊重学生的人权、民主权利，同时教师自己也拥有人权、民主和解放的观念。

目前我国的教育评价存在的问题是严峻的，这种严峻突出地表现为谁评价、评价谁和怎么评价等方面都存在着机械化的倾向。以教师为例，谁评价教师呢？往往是一些领导，虽然名义上有着丰富的教学经验，但事实上并不真正懂得评价的规律，更严重的是他本身也是被评价者，结果造成评价目标有利于自身的利益获得而不利于普通教师的发展，这种利用行政性权力来取代教师专业权威的倾向极大地破坏了教师教学的积极性，这就导致了教师权利的无形湮没。评价谁的问题同样困扰着教师评价研究者的工作，表面上简单地评价教师活动由于对所有的教师都采取了"一刀切"的方式，并不能如实地反映教师的实际情况；统一时间、统一地点、统一人员的标准化操作在冠冕堂皇的口号之下把教师看成一个没有任何发展潜力的物体，致使教师的发展权利受到侵犯，从而是一种不民主的表现。教师评价的目的是为了发展教师，改进教学，但是不合理的评价方式必然导致低效或无效的评价，教师并不能真正从中受益。因此，从这个角度来讲，并不能使教师完成解放，所谓"解放"在马克思主义者看来就是要使绝大多数人现实地达到历史的升华。参照这一点，可以肯定的是教师群体能不能提升的关键就在于教师群体自身有没有前进的动力与可能。

辩证法告诉我们内因是事物变化发展的根据，外因是事物变化发展的条件。通过教师评价来实现教师的专业发展属于外因范畴，只有教师从人文精神的角度提升自己的人权意识、民主意识才能最终走向教师群体的解放。教师日复一日地上课下课、改作业批试卷、备课听课、写计划写总结，几年几十年如一日地机械式的劳作，把自己锁在办公桌与讲台前面像个匠人一样，渐渐地异化到被生活牵制的境地，这难道不是教师生活沉沦的渊薮吗？一旦教师自己失去了这一切人权、民主和解放的观念，那么这些思想同样不会落实到行动中，不会恩泽于祖国的未来一代，从而影响到民族的兴旺与发达。这莫不是教育的悲哀！

教师的人权意识、民主意识和解放观念在教学中表现为能不能尊重学生的自主学习的权利，能不能鼓励学生合作探究；在班主任管理中表现为是采取民主管理方式还是独断方式，是鼓励学生自我管理还是教师包办一切；在教师自我管理中，能不能争取自己的权利，比如休息休假的权利、自我发展的权利等等。唯做到这一些，教师群体的解放才有了现实可能性，如此则学生的解放甚至祖国未来的解放就指日可待了。

教师自我权利争取

我们这里有一所重点高中，由于该学校是在不到五年的时间由一所县里不太有名的高中一下子变成省一级重点高中的，因此来这里取经的学校络绎不绝。这个学校的特色是强调教师的集体备课，他们完全按照专家们所设想的那样进行集体备课。开学初就把一本书的课目备课安排表分配给每个老师，然后在学期中大家提前一周对下一周的教案进行集体备课，应该说这几年取得的成功也是有目共睹的。同时学校为了紧抓高考，课程安排也是比较密集，教师的工作量相对比较大。

某天，又一组外地的学校访问团前来取经，他们觉得各方面都比较好，也很满意。可是临近11点，快到吃饭时间了，他们发现学校还要上课，原来按上午的作息时间要到12点才能吃中饭。再仔细一看作息时间表，下午很早就开始上课了。于是访问团长问了一位教师：我们这个学校的教师什么时候才可以回家，一周有多久自己安排的时间，双休放假怎么放？对方告诉他：我们老师爱校如家，大家除了晚上很少回家。这个时候，该访问团团长临时决定改变计划，饭都没吃就回去了。因为在他们看来，如果连教师的基本权利都不能保证的学校即使取得多大的成绩，也是一种没人性的教育，这种教育从源头上是摧残人的。

这里存在着两种管理理念的冲突，站在教师的角度也就是能够自觉地关注自己的权利与毫不关心自己的权利两种。这两种理念的冲突其实正说明了后者是运用行政命令的方式消解了教师的权利，同时将前一种管理理念扼杀在评价、管理、安全、教学有效性等的名义之下了。恰恰是这样的现实，导致了一个让人心寒的结果。在我们考察中学教育时，有一所学校正搞八十周年庆典准备工作。档案室主任在统计学校著名校友的时候发现，大概1995年以后毕业的学生中竟然少有各行各业著名的人物，除去成长时间太短的问题之外，主要与应试教育有很大的关系。但是对该校毕业生进行简单的观察发现，他们身上留下的这个学校的校风痕迹还是比较强烈的，也就是敢于批判和自信的精神。因此也就告诉大家一个道理：教育之后留下的是什么? 不是知识，而是人文性的精神。这才是他们未来一辈子的依靠。需要指出的是，人文精神本身不一定直接产生物质财富，没有精神支撑的物质财富是没有意义的，只有两者结合的人生才是完美的人生，否则到头来都是肤浅的。没有精神支柱的物质追求是不幸福的，没有物质支撑的精神追求是辛苦的。

理想、信念与安居的人文观念 /

台湾作家刘墉有本书的名字比较好，叫《我不是教你诈》；工作时间比较长的老师往往能够发现类似的观点："我不是教你知识"、"我不是教你能力"……因为这一切在现在这个时代里，尤其是网络时代里，学生都可以自己获得，本身这些东西又会随着时代的变迁而逐渐淘汰。那么教师能够给学生带去什么呢? 也许是帮助他们加速的理想，保持持久力量的信念和适时停顿的安居观念。

人是活在现实的生命体，但他们都在朝着美好的未来前进，可是什么样的未来对于个人才是美好的呢? 这就需要理想来指导。俗话说"常立志不如立长志"，如果理想确定以后又没有坚定的意志、信念来保证，同样不可能到达美好的彼岸。理想是一个历史范畴，不同时代的人们对理想的追求也是不一样的，尤其对成长中的个人来说往往是在社会统一规格之下做出的选择，它不一定符合个人的发展，因此需要静下来以思考。其实人们已经发现，人是一种不善于变通的动物，如果没有足够坚强的意志信念是不可能做出超越自己的行为的。就像世界著名的柯达相片公司沉湎于利益丰厚的传统胶卷业务，反把属于未来的数码技术置之不理。这就启示大家在生命历程中应该回过头去看看曾经走过的路，总结经验、吸取教训，继续前行，这就叫安居观念。

美国教育心理学家古诺特博士怀着对其专业的无比苛求与努力进行教育学和心理学的研究，可是在经历了若干年教师工作之后，再回过头来思考自己的人生时发现曾经走过的路竟然让自己如此后怕。"我得到了一个惶恐的结论：教育的成功和失败，'我'是决定因素，我个人采用的方法和每天的情绪是造成学习氛围和情境的主因。身为教师，我具有极大的力量，能够让孩子们活得愉快或悲惨，我可以是制造痛苦的工具也可以是启发灵感的媒介，我能让人丢脸也能叫人开心，能伤人也能救人。"其实正如我们好多身边的同事也在打趣的话一样，"其实做教师真好。心情好了，可以把自己的快乐告诉给学生；如果心情不好，则可以随便找个学生来聊聊。"可是在这里，教师何曾为自己的行为进行思考，他们在高考的压力（其实也就是在社会统一规范要求）之下被迫地对学生进行着教育。在这种压力的语境里，孩子们的理想是读大学，信念是拼尽三年；教师的理想是完成学校下达的高考指标，信念是为了奖金努力奋斗三年。他们都没有时间停下心来思考，自己所做的一切是否正是自己所需要的，正是社会所需要。原以为培养大学生能够给社会建设提供栋梁之才，但发现其实不然，越是逼迫之下教出来的人才越是偏离社会需要的人才规格。时间已经证明了一切，而且还会不断地嘲笑未经审视的当代教育。在这里还是引用吴非的书名来忠告各位教师——《不跪着教书》。温家宝总理在同济大学演讲时曾经说到："一个民族有一些关注天空的人，他们才有希望；一个民族只是关心脚下的事情，那是没有未来的。我们的民族是大有希望的民族！我希望同学们经常地仰望天空，学会做人，学会思考，学会知识和技能，做一个关心世界和国家命运的人。"这是国家领导人对未来人才的殷切希望，也是对教育工作者提出的培养未来人才的建议。

自尊、自爱与反省的自我观念 /

佛家有一句被认为是不够悟性的偈语，按现在的说法也许是太唯物了，反倒对教师的人文精神修炼提供了一种参考。其偈云："身是菩提树，心如明镜台。时时勤拂拭，勿使惹尘埃。"此偈的意思适当引申一下就是要求我们做事的时候，经常性地反省自己的行为，不要让一些无关的细枝末节影响了工作的重心。在教学的时候，就是要强调不断地自我反思。一个不好的传统，把教师列为"臭老九"，在当今世界仍然被称为养不活饿不死的职业。于是在物质主义的诱惑之下，很多人开始把这神圣的职业当作敛财的工具：从事第二职业、强制补课、家教以及对学生进行各种名目的摊派征订等；有些人甚至把教师当成了副业来搞，比如家教，原本是一项非常合情合理的事，由于有些教师不懂得自尊自爱，珍惜自己的工作机会，把该讲的知识点留到课外，致使教学与补课本末倒置，严重地影响了教学秩序，玷污了教师的神圣使命。也许在很多人看来，教师是一个难以满足人类幸福追求的职业，可是在怀疑者身上，我们究竟看到多少的努力。任何职业都只有自己尊重自己，自己珍惜自己才能找到幸福的归宿。

在这里，我们强调"反省"不是从教学和专业的角度来讲，而是立足于人文精神来思考的。因为对于每一位教师来说，有一些反思能够随着经验的不断丰富和发展会自然的形成，因此大家发现老教师往往有比较成熟的教学能力，实际上他们并不是经常地主动学习。这一现象往往给人这样的假象：教师是一个不需要多少专业知识的职业，它不可能与律师、医生一样得到应有的重视。但是正如鲁迅先生弃医从文时的主张一样，医生治得了人的病，治不了人的心。同样，律师固然处理得了法律纠纷，但处理不了道德纠纷。当发现这两种职业的缺点的时候，也正是发现教师职业优点的时候，因此作为其中一分子，我们应该尊重自己的职业，爱护自己的职业。

这样的事例在大家的身边也许并不显见：因为来了物价部门或者其他什么部门要对学校进行考核，这些学校领导往往会带着自己的年轻女教师去作陪，以期从上级部门得到各种可能的利益。学校领导的素质固然已经败坏，这些女教师同样也有问题，这就是他们对自己职业的理解吗？如果不懂得珍惜自己的职业和人格，那么就不会有人尊重你，也许出现下一次或者下一个更严重的问题，已经为期不远了。可以这样说，任何一个部门都可以出现类似的交际行为，但不可以出自教师队伍，因为我们是社会的底线，如果连我们都堕落，还有什么不是堕落的，人与人之间最基本的道义将存于何处？前不久，听广东一所学校的教师被强制要求向学生及其家长做房地产广告，因为该学校（估计是民办学校）可能因为公司效益不好影响到教师的工资问题。也许老板终归只是老板，做不到在商言商，在教言教，但是教师自己就不该拒绝吗？其实，很多局中人都会认为，因为这些问题没有落到我们的头上，所以可以不痛不痒地说。的确，当某些制度并不能为我们伸张正义的时候，是不是应该自己采取一定的方式以避免这些不必要的甚至是严重侵犯自己人格的事情呢。

事实上，在我国文化传统中一直倡导的是集体主义的精神，无形中把每个人都变成圣人，个人都必须为这个集体作贡献甚至牺牲，特殊情况下甚至假借着集体的名义把个人的权利统统踩在脚底下。领导者们一步一步地用各种各样的借口把教师的自我管理权利纳入到学校的工作中去，因为要加强管理，教师必须到班管理，包括每一节自修课，其默认的前提是学生没有自我管理的能力；因为安全之故，教师特别是班主任被要求住到学校，进入教室，全然不考虑教师的生活，其默认的前提是教师应该以学校工作为重，将学校义务凌驾于法律权利之上；因为与学生家长沟通的需要，教师必须被公开其手机号码等隐私的信息，其默认的前提是作为服务性的行业都应该这样对待上帝。我们只能感慨：社会主义的中国，人民当家做主，究竟谁当了这个主。因此我们再一次强调在人权与民主基础之上的自尊自爱，人权与民主是自尊自爱的前提和基础，没有教师基本的权利和民主开放的沟通环节，教师就做不到自尊与自爱；自尊与自爱是民主人权的结果，没有自尊与自爱的诉求就不会有民主、人权的进步。只有教师的自尊自爱，才会让未来的接班人不腰软，能够挺起胸膛做人。时时反省自己的权利，这才是教师应该具有的人文精神实质。

"己欲立而立人，己欲达而达人"，当教师自己时时拂拭自己的心灵和自己的专业的时候，我们才是真得实现了自我的解放。在这里，自我观念与国家观念是相得益彰

的，两者的互相辉映才使教师的人文精神熠熠生辉。

自主、合作与探究的方法观念

自主、合作与探究原本是新课程理念中所倡导的新的学习方式，虽是对学生学习提出的新要求，但同样适用于教师。事实上，现代社会越来越强调学习型组织建设，教师本身也应是学习型组织，通过教师群体之间的不断合作与学习来提升整个教师的专业成长。质是之故，我们将自主、合作与探究的方法观念作为人文精神的重要组成部分。其实情况也很明白，如果教师平常没有自主学习、自我管理的能力，又怎能很好地启发学生进行自我管理与自觉学习；教师自己没有合作的欲望，不懂合作的方法，又怎么培养学生合作的方法，激发学生合作的欲望；教师没有探究的精神，又怎能给学生以探究的榜样作用呢？

教育心理学已经发现，只有当学习者自主地进行学习的时候，他才能更好地发挥出潜能，更好地获得自我价值的实现。教育的真正意义就在于帮助学习者满足这种追求，让其体验到成功。爱因斯坦说："发展独立思考和独立判断能力，应始终放在首位，不应当把获得知识放在首位。"这就启示教师要进行有效地教学，其关键就是要去发现学生的需要，开启其阀门。实际上，教师自己也可以发现，当我们在学习时，如果怀着某种应用的需要而去学习某种新知识的时候，它的掌握一般比自发的学习来的更为有效、持久。在这里，自主不仅是一种学习方法，也是一种独立思考和独立解决问题的人文精神，因此是教师应当具备的。

合作，据说是人类的一种本能，也就是说合作也是人区别于动物的一项重要指标。当人类经过了各种风风雨雨之后，包括自然界的灾害与人类战争的祸患，人类发现最终要战胜困难的唯一法宝就是合作。尤其是当今世界，人们已经很难独立地进行各种复杂的事务，比如科学研究、商务交往等等，因此社会越来越需要培养能够合作、希望合作与善于合作的人；同时从学习本身的角度来看，学生通过自我知识构建的合作学习能更加有效地进行学习。正如萧伯纳所说："一个苹果与人交换得到的是一个苹果，一个思想与人交换得到的是两个思想。"这种1+1=2的学习方式当然也适合教师自身，因此新课程倡导集体备课，就是为了能够在克服各教师专业缺陷的基础之上通过合作来提高教学，实现成长。

如果说自主与合作的学习方式更多地指向于学习的话，那么探究无疑是指向创新的一种学习方式。人类是一种好奇的动物，总是对自然界出现的新鲜事物保持着浓厚的兴趣，这就是人类探究的本性。如果忽视这种本性的作用，就看不到人类文化不断积淀的漫长过程，人类正是在不断地探究与创新中走到现在，并不断地继续发展下去。不可否认，探究甚至是最为有效的学习方式之一。外国人有句名言说的很好：听过了，会忘记；看过的，会记住；做过的，才会理解 (you hear, you forget；you see, you remember；you do, you understand)。很多时候，教师可以感到一种教学观念不管专家在讲台上怎么说，课堂中怎么演示，始终就像是肥皂泡里看世界一样不真实，只有自己在课堂中去尝试实践，通过反思之后才属于自己。所以一定要在实践中来增长知识，正如毛主席当年说的那样："读书是一种学习，使用也是一种学习，而且是更重要的一种学习。"作为"活到老，学到老"的教师职业，我们难道就不应该具备这样不断学习的精神吗？

基于互听互评互研的教师发展模式[1]

这种教师发展模式也叫评价模式，是在遵循自主合作和探究等学习方式基础上对教师发展提出的一种较为可行的发展方案。这种发展方案坚持以主题备课为评价基础，以行动研究为评价中心，以实践摸索为途径，以教研（学科）组建设为保障，以提高学生学习效率和促进教师发展为评价目的的五大特点，按照主题性集体备课，主题性试教，评课，主题性的磨课，评价反思，成果展示与存档六个步骤来进行，这种极具操作性的发展方案，在现实中起到了积极的效果。具体操作步骤见实施流程，如下图。

[1] 章亮.基于互听互评互研实践的教师评价模式研究[J].教学月刊(教学管理), 2011(11).

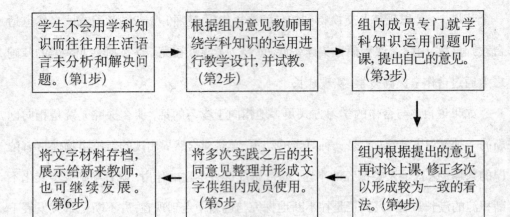

以上案例是教师在教育实践中发现的，充分考虑了教师自主、合作和探究的现实性和可能性，结合各学科发展而提出的发展模式，该模式几乎很好地印证了教师具备这一精神的必要性。

人文精神教育对于教师来说也许自师范教育的时候就应该开始了，因为师范学院与人文精神存在着先天的同一性。这种人文性既表现为要在师范院校里进行人文主义教育，也表现为师范教育内在的人文特点。师范教育本身就是培养教师的过程，因此师范教育必然要进行人文主义的教育，这是造就未来教师人文素养的第一步，这正是本书的主旨，自然不必赘言，倒是师范教育的人文特性需要略述一二。由于教师与一般职业的最大区别就在于其职业对象的特殊性，其他职业的对象要么是一些客观的物体，如工人之于零件、农民之于田地、律师之于案例等；要么是一些客体性的人，如医生之于病人、运动员之于自身等，但没有一个行业如教师那样针对的是有着丰富潜能的发挥着主观能动性的主体人。这也就是说，由于教师面对的是一个个活生生的人，而且专门针对他们的心智进行教育，因此使得教育就具有了人文特性。师范教育显然分享了这一特殊性，以至其必须具有人文性，因此了解师范教育的现状就能获知教师人文精神的现状。

然而教师人文精神的培养在师范院校的建设过程中或者继续教育中甚至在教育管理中，都不以人文精神的形成与发展作为基本的培养目标，这当然与时代对专业性要求的提升有关。仔细搜寻相关教育学院的课程设置，并不存在教师人文素养或者人文精神这样类似的课程。当然这与我们国家对人文精神的研究有关，到上世纪90年代才有一些学者们开始倡议人文精神的研究，要能让重视人文精神培育这一共识在师范院校受到关注并付诸实现，在目前来看还不存在施行的现实条件。不仅学科规范尚未建立，就是相关的教师配备、政策支持和思想基础等都没有具备相应的条件。如果说存在与之相关的课程，也只是如一般院校中类似"教师思想道德"、"教师思想修养"、"思想道德修养"等课程，这些课程主要围绕马克思主义道德，基本人生观和理想信念等知识进行教育，它属于广义的德育教育，在教师培养过程中也就是突出师德教育。但是正如人们已经注意到的那样，德育领域里存在的问题是用抽象问题来代替具体问题、用理论问题解决代替实际问题解决、用说教代替体验等，本身存在着教育与实践"两张皮"的现象。不仅于此，德育教育并不是严格意义上的人文精神，这是两个不同的概念。又或者如《伦理学》、《美学》等则虽然能够为人文精神发展提供可能，但本身并不是人文精神，这在本书教师人文知识章中已经有所申明了。

因此，了解人文精神在教师教育领域的发展现状是相对比较容易的。从冯骥才主编的《教育的灵魂》一书来看，许多大学已经开始了人文精神的探索，比如东南大学等，但是这些大学人文精神的培育也还处在萌芽阶段，许多相关制度比如如何设置课程、如何进行人文精神教育、教授什么内容等都是不完整的。特别是数字化时代的来临，出现的挑战对人文精神的培养需求越来越迫切。这些挑战包括："与现有的'围墙式'办学方式和教育教学手段相比较，数字化教育打破以往获取知识的空间概念，使得人们依据个人的兴趣爱好，进行跨专业、跨系、跨校、跨地区，甚至跨国学习成为可能"、"数字化教育的学习资源，更为广泛和丰富，尤其在时效性和前沿性等方面，有着独特的优势"、"数字化教育是一种完全新颖的自我教育、交互教育方式"。[1]因此，我们只能期待随着未来教师人文精神的宏扬，从而化成天下，将人文精神泽被大众，教

[1] 胡涵锦.数字化教育和人文精神的高扬[A].鲍宗豪.数字化与人文精神[C].上海：三联书店，2003.

化吾国与吾民, 从而达到如古人所说"设神理以景俗, 敷文化以柔远"那样的境界。

教师人文精神的教育学意义与操作建议

教师人文精神有着极大的教育学意义, 这种作用不能简单地以"精神不是万能的, 没有精神是万万不可的"这样的话来搪塞的。它在教师的教育教学过程中所发挥的作用是如此巨大, 致使人们花费如此多的精力来关注人文精神的问题。不过也许是一个不需说明的话题, 人们对人文精神的作用几乎都是缄默的。因此我们在此说明这种作用, 只能从教师教育教学与其职业生活角度出发。

教育人文精神的教育学意义

教师人文精神的形成与发展是确证教师自身价值的重要形式与途径

桃李不言, 下自成蹊。作为一个教师, 其事业成功的标志多种多样, 古代教师的理想也许能够为我们提供一些参考: 教学一生应如孔子有弟子三千, 思考一生得一书以传后世。到了今天, 这些东西仿佛根本不是难题, 弟子因扩招可能不用一辈子就已经三五千人了。但是, 冷静地思考之后发现古人的标准我们完全不能企及。弟子三千而贤人七十二, 即使在重点中学教书一辈子也不一定能够培养行业顶尖人物七十二人; 得一书易而传后世难, 能够凭着自己的思考将教学经验传之千古, 该是何等困难。因此, 从某种意义上来说, 教师真正能够影响学生甚至未来的就是其精神与思想, 而且也只能是精神思想了。既然得贤弟子与传千古书如此之难, 不如用我们的人格去影响年轻一代, 当我们退休之后, 还时常有人来看望我们的时候, 才是教师真正成功的象征。因为在这个时候, 学生能够不带杂念的来看望你, 说明教师的人文气质自然地把他们召唤到我们身边。

教师人文精神的形成与发展也是教师能够坦然地面对职业压力，推动自己专业成长的内在动力

教师职业的特殊性决定了教师将要面对的困难比其他行业来得复杂，如果说其他职业只是劳力的话，教师还要劳心。有过班主任经历的人会有切身的体会，即使是假期里还要担心这个孩子的问题，或者安全，或者学习，或者心情……除了思考教育对象的复杂性和主动创造性，教师还要考虑专业的日新月异。相当多的职业有了新的变化，可能通过实践立即获得新的认识，但教师的新知需要多次实践，不断地实践，即使是同一个主题也要不断地实践。比如"怎样让学生能够更好地实现知识迁移"这个话题，从考试设立以来教师就已经在考虑，到现在还在思考并且还将不断地被未来的教师思考与实践下去。因为这一过程的漫长性、艰苦性和复杂性，外行的人还看不到，导致人们对教育总是百般苛责。面对如此种种的职业压力，教师总不能采取逃避的态度，既然选择了这一行业，就得迎难而上。这需要何等执着的精神啊？这本身就是教师对自身处境自觉或不自觉地思考之后作选择时呈现的教师人文精神，这种信念、理想、解放人类的观念推动着教师不断地努力学习，以便于能够游刃有余地对待教师生涯发展中的各类困难。新课程改革把教师专业成长作为核心工作来抓，恐怕也是与此有关的。因为没有教师对职业的认同感，课程改革大业将难以为继。

教师人文精神的形成与发展也是教师实现完美生活，享受幸福人生的精神支撑

人的欲望是无限的，但现实生活提供不了应有的资源和条件，因此在很多情况下让教师们觉得生活压力大，职业倦怠，工作没有激情等。其实生活不缺少幸福因子，而是我们缺乏发现幸福的眼睛。在我工作的第一年，我校的一位老教师，他是省内有名的教师，据说给全省各地的教研员上过课，他曾经对我们说过："你们今天来到这里工作，也许有好大一部分同志工作几年之后就会对工作觉得厌倦，这是正常的，其原因就在于你们不能把现在进入学校的状态始终保持到以后乃至一生，尤其是你们有了家庭之后。专业发展进入高原期，生活进入倦怠期，家庭进入平稳期，激情也渐渐地没了。其实这个时候，你们应该对生活保持积极的态度，用发现美的眼光去生活。生活处处是美好的，如果碰到开心的事没人与你分享，是一件不快乐的事，而我们的听众是如此之多，这不是幸福的事情吗？当碰到不开心的时候，没人关心你，但学生可能会偷偷地给你一张笑脸图片，这不是很幸福的吗？"其实，生活幸福与不幸福的标准就在于教师怎样去看待身边的事情，这就意味着教师必须具备一定的人文精神，提升境界能够坦然地面对生活，实现完美的人生。

加强教师人文精神的操作建议

教师人文精神对人生与社会都有着积极的意义，因此要加强人文精神的教育。人文精神对人的影响往往具有潜移默化的特点，一般不是有形的、强制的。即使如此能够通过耳濡目染和潜移默化的方式发生的人文精神培养，也不全是被动、无目的的接受的，往往是自觉学习、主动接受文化熏陶的过程。我们建议可以从以下几个方面进行教育：

提高阅读的能力，让读书成为一种生活方式，激发人们的人文本质

虽然人文知识的具备并不必然产生人文精神，但是人文精神的产生是在大量修习人文知识的基础之上才能产生，特别是那些本身具有良好人文气质的人更容易通过阅读获得人文精神的生活。其实，人原本就具有一定的人文素养，在许多带有迷信色彩话语的背后体现的恰恰是人文精神的残余，譬如浪费粮食被认为是要遭天打雷劈的，背后是对粮食的珍惜与对劳动的尊重；不要把写有名字的纸踩在脚下，背后是对文字的敬畏……从这个意义上来说，要提高教师的人文精神，就是要激发教师内在的人文精神，激发的方法就是要提高教师的阅读能力，让读书成为教师的一种生活方式。带着批判的精神和较强的阅读能力进行教学，有利于更好地落实教育目标，体现

教育的深度和思想性，增强对学习者的吸引力。相反，不仅不能达成这一些积极的效果，还可能会抵消教学的效果。在现实的教育中，对文学作品或者历史材料等往往采取阶级分析的方式，要求把思想提高到一定的高度，这种教学方式不仅会增强学习者的抵触情绪，影响教学效果，而且也是与新课程理念要求考查学生的能力诉求是相违背的。不夸张地说，这种暴力式的、独断式的作品分析方法在高考中也渐渐地消逝了。相反，对各种文学作品或历史材料要鼓励学生的自我理解，在其"最近发展区"强化对文本的解读，切切实实地影响学生的阅读能力，从而打下终身发展的能力。

人文精神指导之下的阅读

高中历史课本《新航路的开辟》文后附有一段有关麦哲伦的材料。材料是两段碑文，一个是写给麦哲伦的，一个是写给杀死麦哲伦的当地英雄拉普拉普的。

正面碑文写着：费尔南多·麦哲伦。1521年4月27日死于此地，他与马里坦岛酋长拉普拉普的战士们交战中受伤身亡，麦哲伦舰队与1522年9月6日返西班牙，第一次环球航海就这样完成了。

反面碑文写着：拉普拉普。1521年4月27日，拉普拉普和他的战士们，在这里打退了西班牙入侵者，杀死了他们首领费尔南多·麦哲伦。由此，拉普拉普成为击退欧洲人入侵的第一位菲律宾人。

这个材料放在文中，不仅有利于提高学生对材料的不同解读，而且也有利于教师多角度，多元化地看待历史事件。这则材料本身又是人文气息比较浓厚的，蕴含着大量的人文意味，能够使大家在通过辩证思考的基础上提高精神素养，理性地分析曾经发生的人文事件。怎样有效地开发和利用这类材料，就是教师人文精神培养的有效途径。

加强养成教育，提升公民礼仪规范教育，通过形象力来造就文化修养

形式的东西，在很多时候会被认为是形式主义而被诟病，但有时形式也能带来积极的效果，这种效果在人文精神形成过程甚至起着非常积极的作用。比如有关群体形

象力的问题，有人发现在日本进入料理店吃东西的时候，顾客总是把鞋子脱在门口而且放得相当整齐，他就觉得很奇怪，为什么每个日本人都能做得这么好呢？因此他就去问这家料理店的老板。老板告诉他，其实也不是每个人都是这样的。有的时候有的顾客来的时候没有发现，就会把鞋子随便脱在门口。这个时候我们员工就会过去把鞋子拿过来整齐地放到其他鞋子中间，如此一来，这些顾客下次再来的时候就会注意起来。久而久之，这些习惯就养成了。其实，造成这种结果的原因就在于形象的力量。就像马未都在《书的尊严》这篇博文中说过，为什么人们走进图书馆能够不发出一点声音？不是因为"读书人有修养，而是因为书有不能描绘的尊严"。他不是说人没有修养，而是说进入到一个文化环境中，就会被其中的氛围所感染从而自觉地服从这种氛围。人文精神的形成也需要这样的过程。

为提高人文精神，需要在校园里加强养成教育和公民礼仪教育，通过营造学校的群体形象力提高教师的人文素养。俗语说得好，"上梁不正下梁歪"，只有教师的礼仪规范做好了，才能给学生树立榜样，从而带去整个学校道德之风、礼仪之风的清新之气。所以有的时候想想，古人在开学之初祭拜孔子像也是有其合理之处的。现在学校管理中，我们总是要求学生的日常行为规范达到某种标准，其实与教师的形象力不无关系。

强化审美教育，通过艺术欣赏的方式来体验、感悟崇高与壮美的人文境界

由于受到传统说教式的思想道德教育方式的影响，现实教育过程中人们缺乏对崇高与优美的体验与感悟，更进一步当人们走进图书馆、艺术馆等文化殿堂的时候，连最基本的道德底线也没有了。因此我们建议通过强化审美教育来体验、感悟崇高与壮美的人文境界。台湾作家刘墉在谈到教育孩子的时候要求家长能够经常带孩子去博物馆、图书馆、美术馆等，让孩子在那种氛围中体会美的意境。而现在大家都很有感慨，许多原本不该（可）教的东西比如爱国、爱、美、善良、崇高、宁静等内容都已经出现在必修课程中，让人甚感意外的是越是加强对这些东西的教育，效果反而越差。事实正在告诉大家人文精神是需要通过体验、感悟、情境模拟等方式来进行提炼的，这就需要我们加强对艺术欣赏的教学规律的研究。

两位艺术老师的审美教育比较

美术老师在介绍《蒙娜丽莎》：

师：大家看这幅画是意大利著名画家达·芬奇的名作《蒙娜丽莎》。今天我们要来认识这一名画。大家听过有关画中主人公的故事吗？

生：……（基本是照着课本读了一遍）

师：不错。大家可以感觉到那似笑非笑的女主人心情的复杂。她一直处在痛失幼子的忧伤之中，看到画家为他请来的喜剧演员在哀伤之中暂时露出的浅笑。达·芬奇复制了这一微笑，这种神秘莫测的微笑是何等的美，简直就是神来之作啊。

学生仿佛陶醉在其中。

音乐老师在介绍阿炳的《二泉映月》：

师：大家以前一定听过阿炳的《二泉映月》，今天我们来感受一下这首曲子的美妙。大家先听一遍，看看你们有什么想法。

教师给学生听高潮部分大约五六分钟后，由学生说。

生1：我听到了一种哭，但没有流泪的哭，说明这是一种郁闷。

生2：我觉得是忧伤，好像出了什么事。

……

生3：我感觉应该是不舒服，不知道怎么描述这种感觉，好像里面又蕴含着要爆发的游丝样的力量。

师：游丝样的力量。大家说得很好。现在大家看看书本里的介绍，再听听其中的感觉，你要听出书中没有讲到的感觉。

又大约五六分钟后。

生4：老师，阿炳其实眼睛不瞎，他把一切看透了。因为当时的世界就是这么黑暗，但阿炳感觉到了，说明他对世界洞若观火。

师：洞若观火。好。

生5：我感觉刚才同学的意见，应该是有一种力量在里面的。

师：你们说的都很好。接下来我们听听现在演绎《二泉映月》的名家的一段体会，看看你们是不是与他有着相似的感觉。

这两位老师对各自领域里的名作应该是相当熟悉了，而且都有自己的教学思想在里面。可是从审美培养的角度来看，显然后者要比前者来得精彩。可以想见，美术老师只是一种宣教，而音乐老师做到了让学生去感悟，这才是真正的审美教学。这则案例给我们的启示是把美好的东西撕毁给人看，那造就的只能是悲剧；把撕毁的东西又重新复原，反倒是喜剧了。有一句名言这样说"伟人总是用自己的痛苦，给人类带去最大的欢乐"，人文精神的教育就是如此。教师应该懂得这种教学的价值，仅仅靠说教式纵然说得天花乱缀也难以激起学生的兴趣，即使记住了，不久还将会忘记。有一位名家也曾对审美教育说过这样的话："当教师更多地懂得了美的素质怎样进入人的生活，当他们能够有意识地来完善、扩展这种美的体验方法时，他们也就踏上了教学艺术之路。"其实我们也可以拾人牙慧地说一句，当我们懂得了精神的东西是如何进入人的生活之后，我们自己也在其中品味到了精神的力量。优秀的文化丰富人的精神世界，增强人的精神力量，促进人的全面发展，本来就是润物无声的。

积极参加社会实践，通过观察社会以形成同情的人文深度

"纸上得来终觉浅，觉知此事要躬行"、"读万卷书，不如行万里路"，这一些名言俗语都旨在说明通过参加社会实践来获取知识的途径。人文精神原本就是在人文知识基础上凝结而成的，故而其产生方式亦可从社会实践中去领悟与提炼出来，所以我们建议通过观察社会以形成同情的人文体验，加深对现实精神的深度理解。随着网络的不断发展，许多不文明现象也在其中得到滋长，如"人肉搜索"就是其中之一。参与"人肉搜索"的人往往在别人已经拟就的道德框架中，对搜索对象进行隐私侵略而自觉合情合理。其实从人文精神的角度来讲，他们没有采取最基本的求真原则，更没有对搜索对象有同情的体验，就对其进行妄加评测，严重影响其身心发展，更甚者可夺人命。有一部小众化的电影叫《无形杀》讲的就是类似的故事，让人颇感忧虑。在人文精神的角度来看，要有同情的体验说的是：如果你对某人或某事有所置评的话就要先设身处地的去体会在类似情况之下你自己可能的价值判断和价值选择，而不能简单地在公共道德的前提之下就认为该种行为的对错。

有些教师在给学生进行道德教育的时候总是让人刻骨铭心，认真分析一下其中的原因不难发现他们的语言中总含有同情的因素在里头，这是值得我们学习和借鉴的。比如上一个案例中，音乐老师要求学生们谈感受，而这些感受都是建立在他们自己的理解基础之上的，这也符合新课程改革要求教育生活化的理念。从生活中来，在生活中进行，到生活中去的教育理念，同样也是人文精神修炼的原则，坚持这个原则让人们有着共同的情感体验，从而提高其人文精神的修养。

/ 教师人文方法

人文方法是人文素养中的极其重要的部分，是教师人文素养必须具备的能力。各学科在学生的培养过程中努力使学生形成某种学科意识，其实是人文方法在学科专业方面的具体体现而已。正如大家所知道的那样，每一门学科都有其特有的学科方法或者学科思想，比如数学的图形结合思想与分类讨论思想等，理化学科的建模思想等。这些学科思想或者方法有些还是为各门学科共同拥有的，与理工科方法能够适应人文学科一样，人文学科的一些方法对理工科也同样有效。接下来，我们将就人文学科的方法思想进行一些介绍，虽然这些大家称之为人文方法的素养只是针对人文学科而言的，但是作为人文方法的素养却是所有教师应该具备的心理素质。

/ 教师人文方法内涵 /

人文方法一直以来都受到人们的关注，尤其是考虑其与科学方法的比较时，大家更是作出了积极的探索，但是这种探索总归还是处于弱势地位。然而事实上，人文方法的真正价值除了在人文学科领域里起着积极的作用，连自然科学领域里著名的专家也都是对此加以肯定的。杨振宁在《清华校友丛书》第28册的《杨振宁趣谈灵感》中谈

"灵感"时说"科学家在'领悟'的刹那能够将两个或者两个以上不相关的观念联系在一起,借以解决长时间耗尽脑汁、搜索枯肠仍未解决的难题,或者缔造一个科学领域中的新发现。"其实这种方法也可以理解成直觉思维,想要了解这种思维大家可以看本章第一个案例中的教学细节。

人文方法其实有比自然科学的方法具有更多的包容性,特别是一些比较"另类"的方法也能够在人文方法中获得一席之地。这些方法,在自然科学研究者们看来是非常不规范的,是无益于科学研究的,虽然其确确实实地指导着科学研究。霍金说的与上帝打牌、门捷列夫的元素周期表的发现过程,又或者是牛顿的苹果都不过是在说明灵感、直觉等对科学研究的积极价值,尽管直觉是要在充分地证据前面才是有效的。"大胆地设想,小心的求证"在人文学科中也是一项学术操练的原则,可是在人文学科领域里很多情况下并不严格,只要直觉到的就是最终的结果,比如诗歌的体会、艺术的感悟等等。网上有一篇介绍电影《盗梦空间》的文章,说有些人对电影所展现的"时间顺序"很难把握,可是用作者介绍的游戏思维去看的话一下子就豁然开朗了。游戏思维虽然在科学研究中普遍性地存在,但始终未能进入科学规范的方法论体系中,这种方法恰恰得到了人文学科的青睐。下面这个故事,或许能够让大家在开心之余找到一点启发:

在农夫的农场里有一只公鸡已经年老了,因此为了交配的需要,农夫决定引进一只年轻的公鸡来代替它。年轻的公鸡为适应新的环境来到农场四处游走,这下马上吸引了不少母鸡的注意,这让老公鸡感到严重的威胁。于是它对年轻的公鸡的说:"不要以为你年轻力壮就可以取代我,不如我们来赛跑十圈谁赢了就得到所有的母鸡。"年轻的公鸡心想我随便就可以赢过你,说:"为了敬老尊贤我先让你半圈!"于是两只鸡开始比赛,所有的鸡都为他们加油鼓噪。刚开始,老公鸡遥遥领先,两者的距离不久就开始缩短,到五六圈的时候,两者的距离更是接近到只有两三步。这时,农夫听到农场里有吵闹声，他拿着猎枪冲出来。就在年轻公鸡快要追上的时候，只听"呼"的一声，它被农夫打死了。"靠。这是我这个月里买的第三只同性恋鸡了。"农夫说。

在这里年轻的公鸡用的是正常的逻辑思维，而老公鸡用的是立体思维。这一种思维其实在人文学科或者自然学科的教学与研究中发挥着积极的作用。

认识人文方法需要站在与自然科学方法相对的立场上来理解，早在文艺复兴时期人们已经开始意识到人文学科与自然科学之间的差别，也从一定程度上意识到应该如何通过人文学科研究自觉的克服自然科学研究方法的牵绊，尽管人文学科领域里已经弥漫着科学主义的浓浓硝烟。狄尔泰也许是比较早开始从系统的角度思考如何将人文学科从科学主义的牢笼里拯救出来的人，并把这种研究人的意识为主要对象的学科称为精神科学；后来李凯尔特和文德尔班的则发展这种认识，并把"价值"的有无作为区别两者的标准，以此表明人文学科的独特性。其余的思想家则从不同角度进行论述，有认为人文学科是不以研究规律为主要目的；有认为人文学科是以研究"意义"为主要目的的；不过现在来看从现象学家的角度来理解的人文学科也许更能切中肯綮：人文学科是与日常生活世界相关联的学科，因此其方法才没有引起人们的特别地思考。尽管如此，我们却不能抹杀其在人类认识世界和改造世界过程中所起的作用，而且从某种意义上来说，人文方法与自然科学方法几乎分享着认识和改造这个世界的一切荣耀。张汝伦教授在其《现代西方哲学十五讲》中认为："有一点是可以肯定的，现代西方哲学一般不再像近代西方哲学那样，以科学为自己效法的榜样，也不再将自然科学的理论模式作为自己出发点，而是能自觉与科学保持批判的距离。但它们得出的结论，往往与现代科学的理论后果有异曲同工之妙。"[1]先生所说的乃是哲学，但是人文学科又何尝不是这样的呢？当西方哲学家提起"人不能两次踏进同一条河流"的时候，又或者是日常生活中我们无聊时想着法子怎么只用一笔来勾画某一个汉字的时候，谁又能想到西方近代竟然开辟出了拓扑学这样一块新的数学园地。

[1] 张汝伦.现代西方哲学十五讲[M].北京：北京大学出版社，2003：17.

对于人文方法的界定一直以来有其自己的套路，因此相对于人文素养而言，人文方法可能较为简单一些。哲学家把方法理解为主体认知、抵达与把握对象客体的途径。人文方法就是主体为了达到对素养的认识、把握、理解以及内化并产生作用的途径。很显然，站在自然科学方法的对立面来理解，会发现人文方法不是一种有着严格的技术规范的意识过程或活动，更多则是对日常生活经验的意向性活动。所谓意向性，就是主体依据某种价值选择和价值判断，把自己的想法对象化到所认识的事物上去。比如说体验不同于自然科学的实验，而是对实验有着自己的看法；直觉不同于分析、归纳，而是缺乏逻辑的定论；理解不同于重复，而是某种带有意义性的重新认识……人文方法作为人文素养中所蕴含的认识方法和实践方法，表明了人文素养的产生与发展。学会用人文的方法思考和解决问题，是人文素养的一个重要方面。

教师拓展思维，学生从中获益

在高中政治课教学中经常性的会碰到一些直接坐标系的问题，在教学中发现在学生眼里政治学科的思维与数学学科的思维是完全两回事的。比如居民收入 (I) 与消费量 (C) 之间成正比的关系图像可以表示为下图：

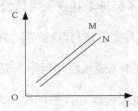

对一般学生来说有一个很奇怪的现象，在数学课中学生很容易通过 $C=k \times I$（其中k是常数）判断其中的k就知道M与N之间谁大谁小；但是到了政治课说M、N是居民收入增加前后与消费量关系曲线，学生就会不知所措。

点评： 在这个案例中，图形的平移在数学里是司空见惯的小问题，但是这种方法在政治学科中却变成一个大问题。这一案例对数学教师而言，是不是可以把知识更融入到生活呢？以便于学生形成必要的数学思维并能以此去解决现实生活中的问题，不能因为专业技巧而忽视了日常生活的真谛；对政治教师来说，具备必要的科学思维当然也是必需的，由于本书宗旨不作评论。

大致上人文方法有如下几种：

直觉 /

直觉是区别于科学中分析方法的一种人文方法。在本章第一案例中所呈现的直觉方法尽管被认为是理科教学与研究中一种较为有效的方法，但是它仍然被置于科学研究方法之外的，对使用者来说即使被认为是毋庸置疑的答案也需要经过深入的检验。这种方法在人文学科领域里所起的作用与自然科学的分析方法有着相同的科学价值，分析使自然科学提高了可信度，直觉使人文学科充满了想象力。可以设想对于一个从事历史工作的人来说，如果没有对历史的直觉，怎么可能对历史有深刻地把握，怎么可能谈得上对历史的感情。因为在历史学科里有一句名言："历史有着惊人的相似之处。"没有历史工作者的敏锐的直觉，何以能够发现两段历史的相似。也许发现秦朝"焚书坑儒"与清朝"大兴文字狱"存在相似性，是一种直觉，但这是直觉的初级阶段；发现两者之间的共同点乃是在维护统治阶级的统治，则是在一种理论支配之下所作的判断，是进入了新一层次的直觉；要是能够发现清朝"大兴文字狱"是秦朝中央集权制度发展在思想上的必然结果，也就是说中央集权制度一天不改，如"文字狱"之类的思想运动就不会终止，这是直觉的更进一步了；至于最高形式的直觉现在还不能简单地下结论认为应当是怎样的。不过，可以肯定的是：无论是什么学科，直觉都是创造性的前奏。就像历史思维一旦形成之后，就会出现不同的直觉形式，按前面的三种观点可以把人文学科的直觉分成指向过去的直觉、指向现在的直觉和指向未来的直觉。这三种直觉是层层推进的，其中指向未来的直觉是最高形式，达到这种历史思维的时候历史几乎已经融入到学者的本能中了，因此他能够在不经意间提出许多在其他人看来是"异想天开"的观点。二十世纪三四十年代，我国著名历史学家吕思勉先生已经对"让一部分人先富起来，最后实现共同富裕"的观点表示过质疑，这不正是对现实改革存在问题的最现实的批判与反思吗？[1]当然直觉也有深邃与肤浅之分，

---

[1] 张旭东.新旧之间吕思勉先生[J].读书，2012(2).

与德国思想家雅斯贝尔斯提出"历史轴心期"相比，虽然都是从地理环境角度来考虑问题的，法国思想家孟德斯鸠与艺术史家丹纳的地理决定论就显得单薄了。

直觉正如大家看到的那样，在人文学科的每一个领域俯拾即是。艺术领域里凡·高与毕加索也许是直觉艺术的典型代表，完全依靠知识也许只是看到一些超出常人理解的怪象；这种艺术直觉进入哲学就容易让人想到下面的这幅画，它究竟是鸭子还是兔子。对人类而言，直觉是多么美妙的东西啊！它落入爱情就是一见钟情；落入艺术就是狂洋恣肆的草书；落入诗歌就是"一日看尽长安花"的豪情满怀；落入音乐就是即使简单节奏也能奏响的曼妙乐章；落入心理学就是一笑一颦也能看到心中悲喜；落入宗教就是"本来无一物，何处惹尘埃"般的"顿悟"……

正是这种心理上非过程性的瞬间的"顿悟"，因此在教学中发挥着积极的效用，具体的价值可以参看本章第三节（以下各方法的教育学意义都见该节），也许你能获得不少的启示。但是，也正因如此，直觉在教学现场也容易受"思维定势"影响，需要辩证对待，切不可完全"跟着感觉走"，直觉虽是人文学科的方法，但也需要经过实践的检验而为自然科学所借鉴。

理解

"理解"一词有着人文学科的独特方法论意义，它作为释义学的基本活动，作为精神科学（也就是后人说的人文学科）的基本方法，是一切精神的基础，最早由思想家狄尔泰于1860年提出的。"理解"这种方法在自然科学里几乎是很难想象的。比如数学里面代数的计算与认识，在任何懂得数学的人那里具有等价性，绝对不会出现异义；即使是人们认识"三角形内角和可能大于或者小于180度"，只要说明不是在平面里面的话，谁都不会出现误解。但是，在人文学科里到处可见因为"理解"而产生的误解，大家看看这个例子或许能够从中借鉴一些教学经验，对"理解"这种人文方法也有新的认识。这是小学语文课本中的一句话：

铁罐对陶罐说："你敢碰我吗？"

如果从"理解"的角度来看，就需要对"理解"双方的立场和情景进行设身处地的思考。想象你就是铁罐，你对陶罐可能会有什么样的态度，试着用这种态度去朗读这句话。这原是一个小学老师叫学生自己分角色朗读时所出现的有趣现象，当然教师原本是希望学生通过感悟来深入理解语言的妙用，而我们则要通过这一事例来认识"理解"。在这一教学细节里，只要朗读时重音不一样，不同的学生会出现不同的读法，大致上这句话至少有六种朗读的可能，这也就是说小学生对同一句话有至少六种"理解"。很明显，理解取决于说话双方的主观经验和客观环境。停下心来想一想，在你的教学中可以类似的经历，又或者在你教育管理过程中发生过因为理解相异而造成的误会吗？

历史学或者美学上对于"移情"的认识也许最符合"理解"的本意。历史学家们发现"一切历史都是当代史"、"一切历史都是思想史"的时候，就已经意识到历史不过是当代人根据现实需要或者是对现实的反映来重组历史的一个思想过程，历史只是现代人的心路历程。这种认识告诉人们，许多历史著作只不过是现代人"移情"于客观历史而已，而当时发生的真正历史是不是这样，也许只有天知道。人文学科有着相通性，对于美学领域的"移情"则更为系统了，美学家立普斯系统地认识到：美，不过是审美主体根据自己的主观感觉去意象审美对象而已。换句话说，一个东西美不美，完全在于主观感受，尽管这种学说忽视了客体的决定性意义，但一定程度上指出了审美的人文性特征。鲁迅所谓"贾府上的焦大是断不会喜欢林妹妹"的观点，虽然有其合理性，相关的另类经济学家还发现，经济不景气的时候男人们爱胖女人，相反就以瘦为美；但不能因此就否定"一千个读者就会有一千个哈姆莱特"这个事实的存在，而且后者更是"移情"的典型，也充分反映了"理解"的特色。对这一概念的深入研究，就产生了"文本"

和"文本学"的问题。人文学科发展到今天，已经有越来越多的人开始用"文本"的视角去认识世界，这也许从另一侧面证明了"理解"在人文方法中的特殊地位。

理解，作为一种特殊的人文方法，在教育学中的意义尤其重要。新的课程理念倡导以人为本与此是相通的，就是要求教师以学生为本，把学生放在教学工作的中心位置上，去尊重他们，理解他们，而不是根据自己的主观臆断肆意践踏学生的主观能动性，这完全违背教育的规律，也是与教育的本质背道而驰的。范仲淹"不以物喜，不以己悲"在教育中的意义就是要教师去体会学生的情感并随之同悲喜；而不是要教师自我调节以忘记悲喜。

内省 ╱

内省是通过内心省察自己的思想、言行有无过失的人文方法。在中国古代它被认为是道德修养的重要方法。如孟子如言："学问之道无他，求其放心而矣。"国外，结构主义心理学家威廉·冯特做的内省实验，通过让人在简单刺激之后通过描述来对刺激作出反应，这就叫内省（introspection）。人文学科吸收和推广了心理学研究的这种内省功夫，把它理论化成一种特殊的人文方法。具体到教育学中，可以这样理解内省：学生在教师的引导下仔细地注意自己的感觉，并将这些感觉报告给自己、同伴或者教师，在合作与交流中改进学生的自我学习。

内省是学习者对自我内心的注意，是对自我的认识和反思。一个人对自己的学习有理性认知的这种思维能力在教育心理学或者学习心理学中被称为元认知策略。实验与实际都证明：有元认知策略的学生往往比其他学生具有更高的学习效率，其教育学启示就是要求教师加强对学生在元认识策略的培养。元认知在学习中可以表现为对学习所做的计划、对记忆效果的自知、对复习方法的选择、对笔记和听课关系的处理等等。教师也发现，优秀学生比普通学生表现出的特点大致上也是在这些方面做得更好的。

内省反映在优秀学习者与一般学习者对学习目标理解方面的区别

	优秀学习者	一般学习者
对学习成功的理解	学习的改善或进步	高分或高水平
看重的方面	努力、勤奋、学习	高于他人的能力
满足的原因	努力学习、接受挑战	比别人做得好
对错误的看法	学习的一部分	焦虑、不适
关注的焦点	学习过程	与人相比的结果
努力的原因	学习新的东西	追求高分
评价标准	与自身相比	与其他人比较

内省方法对于学生或者教师来说，都是在对已有知识和能力的自我反思基础之上的"退而省其私"。教师有意识地使用这种方法，对自己的教学行为、教学方法的择取、教学效果的反思保持清醒的理解，有助于提升其对自我教学行为的描述与解释，在此基础上加以专业的考量，并作出科学的判断，扬优弃劣纠偏，构建正确的教育教学思维体系。新课程倡导自我反思、同伴互助与专家引领等三位一体的教师专业成长策略，可能也是对这一人文方法的应用与实践。余文森教授认为，自我反思是教师专业发展的基础与核心，同伴互助是教师专业发展的标志与灵魂，专家引领是教师专业发展的关键与支撑。[1]这三者之间内在的辩证关系从一个侧面说明了内省作为一种人文方法的教育学意义。

体验 /

人文学科对"体验"这一方法的应用与研究可能应该归功于现象学鼻祖胡塞尔。他认为体验分为两个层面，一是指感性的体验，他把它称为"感性的质素 (hyle)"，另一层指的是带有意向性的体验，他把它称为"直观的形态 (morphe)"。[2]这种观点起自康德的纯粹直观，渗有黑格尔"对象化"的意味，有其思考的独特性；后来狄尔泰则直接把体验定义为："首先是通过理解导致超越个人经验的狭隘范围而进入整体和普遍的领域这个事实才成为生命经验的。"[3]比如说一个人的理解可能不具有普遍

[1] 余文森.教师是新课改发展的动力系统[N].现代教育报，2005-9-5.

[2] 张汝伦.现代西方哲学十五讲[M].北京：北京大学出版社，2003：213.

[3] 张汝伦.现代西方哲学十五讲[M].北京：北京大学出版社，2003：92.

性，但是当它融入了其他人的交流之后形成的具有普遍性的东西就称为生命经验。这种说法与教育理论中的建构主义者有殊途同归之趣，不仅于此，在各人文学科中得到广泛的重用。

古人所谓"纸上得来终觉浅，觉知此事要躬行"的现代诠释为"听过我会忘记，看过的我会记住，体验过的我会理解"。与其他人文学科一样，体验端赖于主体自我的感受以及主体对于认识对象的价值选择，而且主体所处的环境也会影响到体验效果，因此从心理建构的角度来理解体验也许是最为恰当的。人类要获得对某一事物的体验，必须立足于认识方式的独特性和自主性，考虑认识结果的生成性与整体性。鲁迅在《花边文学·看书琐记》中提到"文学虽然有普遍性，但因读者的体验的不同而有变化，读者倘没有类似的体验，它就失去了效力。"从最一般意义上来说，读者看到这里的时候也许会想：这与理解又有什么区别呢？其实两者最大的不同在于体验更强调行动的整体性和复杂性，而理解的特别之处在于思维的主体性，大家也可以这样认为体验是更高级别的理解。

不同的人会有不同的体验，文学史上有许多类似的故事，而从教育学意义上来说，就有必要站在学生的角度去思考他们可能会有的体验，考虑他们曾有的生活经验。举例来说：浙江省2000年高考作文题"一花一世界"，学生可以从哪些角度落笔去写，这就跟学生的生活体验有关。要指导学生去写作，如果教师自己都没有多角度的思考，或者又没有具备必要的人文素养，就往往会脱离本来的意思。我们在此略作解题，一为教师提供可资之材；二为说明体验的独特层次性。原诗可能来自于佛家偈语"一花一世界，一叶一如来"，当然从高考考试的思想性来说，更可能来自于英国诗人布莱克的诗句：

"To see a World in a Grain Sand

And a Heaven in a Wild Flower

Hold Infinity in the palm of your hand

And Eternity in an hour

此诗李叔同译为"一花一世界,一沙一天国;君掌盛无边,刹那含永劫",虽然如此总归还是有一些佛家之音。从以往学生答题的情况来说,存在着多种理解,而这些理解都是建立在他们自己生活经验基础之上的,诸多体验恰如冯友兰所提之论哲学"四境界"。有学生写花之特点新陈代谢,如物之常理,是谓自然境界,可仿《花儿为什么这样红》作;有学生写花乃植物之部分,极为细小,而世界是如此之大,只有做好自己,才能在世间寻得一生存之机,是谓功利境界;有学生写花虽漂亮,但生命刹那间,其美如昙花一现,为果实之产生牺牲性命,做人亦当如此,是谓道德境界;更有学生写其花期短小,如何与日月同寿,谈生命之宽度远胜于长度的至理,则谓之天地境界。

不同的生活体验,会给认识主体带去不同的生命感受。即使面对同一个事物,不同个体也会产生异样的感受,这才是人文学科,这才是人文方法的内在本质。大家比较一下下面的两首《卜算子·咏梅》。

卜算子·咏梅
毛泽东

风雨送春归,飞雪迎春到,已是悬崖百丈冰,犹有花枝俏。

俏也不争春,只把春来报。待到山花烂漫时,她在从中笑。

卜算子·咏梅
陆游

驿外断桥边,寂寞开无主。已是黄昏独自愁,更著风和雨。

无意苦争春,一任群芳妒。零落成泥辗作尘,只有香如故。

当能感受到两者的差异与理解一样,体验是区分人文学科与自然学科最重要的方法之一。当年物理学家奥本海默在家中接待物理学家杨振宁和诗人艾略特说曾开玩笑说:"在物理方面,我们设法解释以前大家不理解的现象;在诗歌方面,你们设法解释大家早就理解的东西。"此言倒是贴切得很，诗歌保有了人文学科的所有方法论意义的属性。只有体验，才能理解诗歌。但是，这个事例也说明人文学科与自然科学不一样的是，它还得用其独特的方法去描述世界，这就是人文学科的另一种方法——描述。

描述

鲁迅有诗"于无声处听惊雷"，海明威说小说"应该只写露出水面的三成，另七成让读者去想象"。虽然中西方在对待文学甚至艺术等方面采取了不同的创作文法，西人重写实，国人重"空悬"，但作为人文学科的共性他们只不过是用自己的方式在描述这个世界而已。先前读到川端康成在《雪国》中的一个场景"女人在窗前站下，看着远处山脚下樱花盛开的地方，她在等待着那个男人的到来。每一天她都在等待，有的时候她也会想，我在看着人家，他们是我的风景，也许在他们眼里我也是他们的风景呐！"过去好多年之后忽然看到卞之琳的诗歌《断章》"你站在桥上看风景，看风景的人在楼上看你。明月装饰了你的窗子，你装饰了别人的梦"。我不知道翻译川端作品的叶渭渠先生在翻译时是否已经熟悉了卞之琳的诗，但至少川端已经提供了这样的一个机会。两个在不同文化背景之下的人表达的感情被描述成不同的方式，却一样打动了人们的心。

描述作为一种人文方法，同样为狄尔泰和胡塞尔较早使用，尤其是狄尔泰更是将之与经验、理解构成其最基本的解释世界的方法：释义学。在狄尔泰看来，解释世界的起点是经历，对象是表达式，方法是理解，通俗地说就是主体通过自己意向性眼光去解释自己亲自经历的对象的意义，描述就是指这其中理解对象的意义。"理解生命的意义并不是发现一个客观的事实，而是在重新确定意义。理解不是在生命之外来理解生命的表达，而就是生命的一部分。"[1]狄尔泰用"生命"来指代人文学科的研究对象。作为人文方法的描述必须是对具有独特个性的事例进行意向性模仿。

170

---

[1] 张汝伦.现代西方哲学十五讲[M].北京：北京大学出版社，2003：96.

描述，不能用教育学中案例写作或者案例的动词形式去理解，那将是另一个人文方法的内涵。历史学中有一个词叫"叙述"，与描述的意思是完全吻合的。重新来聆听历史领域里的名言"一切历史都是思想史"，其实告诉我们，人类所谓书写的历史不过是后人根据自己的处境采取某种观点所作的整理而已。比如历史上对曹操的理解有多种看法，在封建史观指导下写就的历史所描述的曹操是一个奸贼，篡夺王位；在唯物史观指导下写就的历史所描述的曹操则是一个顺应时代变迁的枭雄。

教师学习描述这种方法，以形成自己的人文素养，就是要用自己的思想去组织经验，传播给学生，更有甚者是要用教师自己思索的过程去引导、去影响学生也具备这样的人文素养。我们曾经在课堂中偶尔提到过如何评价秦始皇的功绩问题，教科书说他功大于过，建立起了统一的中央集权制的国家，保证了中国的统一，站在生产力发展的角度来看的确是这样的；但是如果站在人文思想的角度来看，又是怎样的呢？也许说过大于功更为可取。因为物质的影响对中国而言只有两千年，但是其思想的影响不仅纵向上延续到现在，可以肯定还将会继续影响到中国的未来，在横向上波及到了东方儒家文化圈且深入到当时人的血液中。学生如何运用自己的头脑去思考现实与历史问题，保持自己的独特个性这才是人文学科的主旨。不管是对待外来的思想文化，还是对待传统的文化，甚至于并世权威的观点，都必须如鲁迅在《拿来主义》一文中所说的那样"我们要运用脑髓，放出眼光，自己来拿！"好一句自己来拿，突出了个体意向性，突出了人本精神。

个案法 ／

假设只能有一种人文方法的话，那么它就只能是个案法。前面所述的人文方法如果说是人文学科共同分享的方法的话，那么个案法虽然也是为各学科所有的方法，但具备"众生相"，它在历史学科表现为口述史等展现个性的微观性的方法；在经济与心理等学科则表现为案例；这同样为教育学所共有，不过教育领域里更有教学现场、教学细节与课例等诸多说法，在西方教育研究中还有样例、范例的说法……需要说明的是，个案法不是例证。也许我们可以看看大家对教学案例的定义，从而来理解其与例证的异同。

按教学案例指的是真实而又典型且含有问题的事件。在教学过程中表现为对包含疑难问题的实际教学情境的描述，这种描述反映的是教学现场"意料之中，情理之外"的事情。与例证相比，案例反映的必须是实际情境、教学现场等，而例证可以是实际情境，也可以是虚拟的；案例必须是含有教学问题的事件，如果没有疑难的就不是案例，例证不具有问题性，换个角度来理解：案例是从事例达到结论，而例证是为了结论而寻找例子；案例是真实而典型的事件，可以给人以某种启发的，而例证不仅可以虚拟、创造而且可以反映普遍性的事例；案例对不同的主体来说具有不同的体认，具有多样性，而例证只能得到一种共同的结论，具有一元性。我们以以下教学案例来分析其特点。

一道应用题引发的思考

这是一个小学数学教学有关"工程问题"的应用题："一袋面粉，可以做成40个包子或者16个馒头，现在用这袋面粉做了15个包子之后，剩下的面粉还能做多少个馒头？"结果全班44位同学，有20位同学解答出了这道题，而且经老师归纳，学生共用了7种解法：

方法一：假设这袋面粉有1600克，那么每个包子用40克面粉，每个馒头用面粉100克。

$(1600-40\times15)\div100=10$ （个）

方法二：$(40-15)\div(40\div16)=10$ （个）

方法三：$16-15\div(40\div16)=10$ （个）

方法四：$40:16=5:2$ $40-15=25$ （个） $25\div5\times2=10$ （个）

方法五：$(40-15)\div40\times16=10$ （个）

方法六：$(1-15\div40)\times16=10$ （个）

方法七：$(1-1/40\times15)\div1/16=10$ （个）（这一种方法学生尚未学习，竟然已经会了！）

教学了"工程问题"应用题后，教师再次用类似题"一批布，如果做衣服可以做50件，做裤子可以做80条。现在做了10件衣服后，剩下的布还可做多少条裤子？"结果同班学生只

有一个答案: $(1-1/50\times10)\div1/80=64$ (条)

　　教师反思: 两道实质完全相同的题目放在不同的时间进行测验, 学生的答案为什么会有如此大的不同呢?

　　从案例中, 可以找到作为个案法的教学案例所具有的三个特征: 这个案例完全是发生在小学数学课堂里的, 也是可以想象的; 这是一个含有着教学疑难的问题描述, "两道实质完全相同的题目放在不同的时间进行测验, 学生的答案为什么会有如此大的不同呢", 而且这个疑问来自于现实的问题, 而不是一开始就为教师所占有的, 也就是说它是后来产生的, 不是先前给予的; 不仅如此这个事例是相当典型和真实的, 从中大家可以有所思考的, 不同的教师面对这个案例可能会产生不同的认识, 或者什么都没有。例证则不是这样的, 比如为了证明虚心使人进步, 我们同样可以举出身边同学学习的例子。这个例子首先就是为了证明虚心使人进步而选的, 因此其不可能引起人们的其他想法。

　　案例无论对于教师的教学成长, 还是对于改善教学行为都是具有积极的意义的, 这种积极价值正在引起人们的研究, 西德在上世纪研究的"范例教学"就是对此的探索。

隐喻 ╱

　　莱克夫和约翰森在他们共同合著的《我们赖以生存的隐喻》对隐喻进行了研究后认为它是一种认知手段, 是跨概念域的潜意义的系统映射, 其本质是一种概念, 遵循了恒定原则; 它不是从修辞层面上来讲的, 因而不是语言问题, 而是一种思维问题, 如思维方式。从专业角度来说明这一概念是相当复杂的, 而且很难理解。幸好2008年第二期《教学月刊》刊发了有关教学隐喻的几篇文章, 有说教学如调酒的, 有说教学如诗歌, 有说如旅行, 还有说像接枝的。各位教师结合亲身体验过的日常生活经历来隐喻教学行为, 甚为契合, 正如该刊编辑引用陈嘉映教授所说: "隐喻不仅是两个现实事物某一相似之处的比较, 而是这两个事物在整体相似, 或者说是作为经验完形相

173

似，它们有多个共同点"。

隐喻作为人文方法得到系统研究虽是比较晚的，但是其应用却是相当早的，甚至在我国春秋战国时期就已经有了。庄子、韩非子等诸子往往以寓言来阐明道理，看似"王顾左右而言他"，其实却是说透了其中之理。古希腊思想家同样喜欢采用这种方式来进行说理。这种方法在我国古代的禅宗言道方式、教学方式上体现得最为显著，他们叫作语录、公案。这是在看似稀奇古怪的问答中，在常人看来违背常识、不合逻辑的对话中获得解悟的教学方式，颇有"不言之教"的意味，这其实表明了"理"在不同的情况下的不同理解而已。与其他人文学科方法一样，他也需要立足于主体自己的生活经验做出的不同的隐喻。

隐喻不仅用来表明教育的独特性，同样也可用于教学过程中。恰当运用隐喻是可以为现实教学服务的，下面这个事例是禅宗的隐喻（公案）：

慧能的弟子南岳怀让记载的故事："马祖（道一）居南岳传法院，独处一庵，惟习坐禅，凡有来访者都不顾……一日将砖于庵前磨，马祖亦不顾。时既久，乃问曰：'做什么？'师云：'磨作镜。'马祖云：'磨砖岂能成镜？'师云：'磨砖既不能成镜，坐禅岂能成佛？'"说坐禅不能成佛，是说道不可修。[1]如例所示，其实人文学科教学譬如思想教育就可以用旁敲侧击或指桑骂槐等方式进行。

辩论

真理越辩越明。辩论指的是把对人进行考查后所作的鉴定加以认真分析，彼此用一定的理由来说明自己对事物或问题的见解，揭露对方的矛盾，以便最后得到正确的认识或共同的意见。生活中表现为一种竞赛活动，作为一种人文方法指的是人文学科在进行研究的时候所采取的思维方式。

回想古希腊哲学家苏格拉底在与学生谈话的过程中，并不把学生所应知道的答案直接告诉给他们，而是通过讨论问题甚至辩论方式来揭露对方认识中的矛盾，逐

---

[1] 董平.中国哲学教程[M].杭州：浙江大学出版社，2011：144.

步引导学生自己最后得到正确答案的方法。我国古代孟子见梁惠王论说"五十步笑百步"的故事也说明了这一点。不仅如此，辩论这种方式已经渗透到人文学科的各门具体学科中，每一个历史认识的取得与发展是在辩论之后产生的；哲学是对一些问题的不断深化认识之后作出的回答；政治学是对基本概念在不同情境之下的讨论研究；教育更是发展到通过"师生对话"的方式来加强学生的理解。

立足于自身处境所做的个体体认，无形中会影响到辩论的方向、原则和成果，恰如大家所知道的那样，当与人在交流的时候，地缘情结、亲缘关系都会影响到我们的判断。打个比方说，中国人总是站在自己的立场来理解中方关系，这也是合理的，尽管在进行某些问题思考的时候要采取某种价值中立。不过仍然可以肯定的是，辩论才是人文方法的内在必然，是在认识主体内部进行的思辨与其他主体的外部辩驳相结合的思维提升。作为人文方法的辩论不仅是教育学发展的内在需要，同样也是教学有序进行的积极手段，甚至还是促进学生主动参与教学的"润滑剂"。

人文学科的方法是随着人文学科特别是哲学学科的不断发展而被发现的，因此上述人文方法并不能涵盖人文学科的所有方法，只是择取其中较为重要的来说的，正如人文学科的特点一样，大家完全可以根据自己的理解来寻找自己心目中的人文方法，以此质疑本书的动机不仅是人文素养的体现，也是人文方法的内在本质使然。

/ 教师人文方法构成 /

人文方法的特点是伴随着人文学科地位的彰显而得到人们重视的，因此了解人文方法的特点必须立足于人文学科的最新研究。这样一来，从现象学家胡塞尔所说的生活世界经验来理解人文方法的特点是非常必要的，因为目前生活世界理论是用来说明人文学科独特性的较受欢迎的思想。

教师人文方法的特点 /

生活世界指的是我们个人生活于其中的现实而又具体的环境。"生活世界"概念在胡塞尔那里，是一个直观的不言自明的世界，也就是在这个世界里人们无须通过抽象或反思就可以以经验得到，而且也不需要通过怀疑的直接可视的世界。这指明了生活世界不是客观科学或者哲学思考的对象，而应该是其前提和基础，这说明了人们不是在研究生活世界中的问题，而是在以生活世界的视角来认识人们提出的问题，这才是现象学的视角，非常独特的但又能够充分认识现实的视角，因此相对于每一个个人来说，他都有自己的生活世界观念，也就是说生活世界会随着个体自我视角的变化而发生变化，它具有相对于个人的真理性。继后的研究者提出的文本的概念，把世界看成一个文本，就更容易理解这个生活世界概念了。世界作为文本是每一个主体的自我理解，还是那句话："一千个人有一千个文本"。

理解了人文学科是对生活世界的解释，或者对文本的解释之后，就比较容易理解人文学科方法的内在特点：

立足于日常生活世界

正如前节我们在分析的每一种方法的时候都曾提到的那样，直觉、理解、内省、体验、个案法、描述、隐喻和辩论都是立足于人文主体参与的生活世界的方法，一旦脱离了生活世界的复杂性和日常性，把它从中抽象出来，就失去了人文学科的人文性，如同把这个世界放进了实验室里，成为研究理性规则的标本、样品，那么就会有使人文学科滑向自然科学的危险，而这恰恰是人文学科近百年来所要批判和反对科学主义影响其发展的矛头指向。超越日常生活世界的自然科学的方法过分侵入到人文领域里，就会窒息人文学的发展，使其研究变得僵化。计量史学、统计教育学等有着极强科学倾向的人文学科的命运或许说明了摆脱日常生活世界之后的尴尬局面，不想让人文学科步古希腊泰坦神的悲惨命运，于是就让它回到现实生活，回到人民群众的实践。

作为人文学科中的教育，同样不能离开它所生存、发展的生活世界。我国倡导的生活化理念不正是对此生活世界影响的回应吗? 因此, 教师具备人文素养, 必须从关心生活, 观察世界开始, 只有让生活参与教学, 在生活中教学, 教学走向生活等理念内化为自己的教学实践, 才是对人文方法的真正贯彻和实践, 同时也能让我们的教学充满着生活气息、人文情怀。

受制于主体的理解性和体验性

由于主体是在参与日常生活世界之后所获得的感觉与理解, 在环境作用之下, 不同的主体对同一事物和现象会有不同的认识, 所谓"仁者见仁, 智者见智"即为此理。那么, 如果按照自然科学的思维来理解, 两个人对同一事物的认识不具有客观同一性, 因此在交流的时候会产生误会, 这样一来, 人文学科就是不严谨的。可是按照人文学科自己的理解, 对科学的不同认识会影响到自然科学与人文学科的区别, 我们不是要求整齐划一, 而是互相谅解, 去设身处地的理解对方。这是自然科学所不具备的, 事实上也是不可能具备的, 无论如何科学终究赶不走上帝的地盘, 也许科学越是发展, 留给上帝的空间反而越是广阔: 信仰也好、美德与崇高也好、优美也好, 甚至爱情……

自然科学不能解释历史如此发生之可能, 但不表明人类的过去就不存在; 不能说明教育现象的独特性, 但不表明人类教育的无效性; 不能说明爱情的产生、发展与美妙, 但不表明人类可以在公式之下体验爱情……凡此种种, 皆是人文学科的存在之据。在人文方法和人文素养的指引下, 理解人文方法本身应当更加容易一些。"移情"、主体间性、商谈等用以沟通不同主体间认识的方法也说明了因为存在主体理解和体验的不同而造成的交流误会, 需要通过某种方法用以解决。在教育教学中, 如何培养学生对同一事物的认识, 以及培养学生在交流中来提高对某一现象的认识水平, 建构主义学习理论应该是对这特点的最好回应, 同时也启示大家在教学过程中务必始终相信学生自己的认识能力, 理解其认知结构, 确认其认识成果, 鼓励其根据认识做出的实际应用体验。

认识的建构性和生成性

正如建构主义所揭示的那样, 不仅在教育领域里存在着认识的生成建构性, 在人文学科的其他领域里也存在生成与建构的可能性, 因此, 建构主义远不是学习理论能够概括其积极价值的, 甚至可以说是具有了普遍的哲学意义。鉴于主体会根据自己的理解和体验对其所处的生活环境作出不同的反映，在理解某一文本（可以泛指认识的对象）时，也同样会把主观的经验投射到认识对象上去，从而造成不同的人心中认识对象的不同。

从这个意义上说，生成或者建构其实就是依据自己的生活经验对新的信息进行理解，并超越所提供的信息构造出一个主体心中的信息；同时，主体从记忆中所提取的认识素材（质料）也不仅仅是提取，而是主观创造性的提取。总的来说，人们不是在获得意义，而是创造意义，这才是生成的本质、建构的本质。譬如对古代历史的看法就是一个生成的过程，通过阅读不同的对某一历史事件的记载，读者获得对该事件的自我观点。换句话说，同样是看《史记》，人们对"鸿门宴"的故事理解也全然是不同的。大家看到的不同的导演拍的不同风格的"鸿门宴"电影不正说明了这一点吗？

利用建构主义在学习领域的理论进行教学，在前一特点中已经说明，就是要向学生展示如何建构知识、促进互相合作来分享学习过程及成果的过程。中央教育频道播出的小学教学课堂展示，很多都是生成性的。比如理解长方体的一些特性，教师只要抛出问题像"对称的棱有什么特点"、"周长可以怎样获得"等，由学生自己动手去发现，很快他们用裁剪、度量、重叠、推理等多种方式来说明他们的发现，其中学生如何证明的过程说明同样是其他同学学习的机会。

建构主义课堂与传统课堂的比较

传统课堂	建构主义课堂
课程内容主要依赖于教科书、练习以及教师的讲解	课程内容主要依赖于学生直接的经验或者可操作性实验
学生单独学习，且经验来自于教师的灌输与训练	学生合作学习，经验主要来自于自我的体验与发现
学习的基础在于以往知识储备，更注重记忆	学习的基础在于现在的理解，更注重能力
学习材料的意义通过教师的讲练来获得	学校材料的意义通过解决问题的过程来获得
众多学习者的理解趋向一元化	众多学习者的理解呈现多样化
学习的心理建模是"白板"说、"壶杯"说	学习的心理建模是"搭支架式"、"抛锚"说

价值性

人文学科与自然科学最大的不同就在于人文学科的价值性，因为人文学科不是简单地知识的运算问题，而是与情感、意志与行动判断相结合的综合性的认知过程。人文学科研究的对象是超越特定利益取向的终极价值的追求，对任何研究对象都采取特定的价值判断和选择。在人文科学研究领域里，人们往往拿"含义"和"意义"来进行比较，从而证明人文学科的特殊性。记得以前语文课里有一篇文章说是一群战士捡到一个苹果，大家互相谦让各咬一小口的故事。这个小故事里的咬苹果很可以说明两者的关系，吃苹果是为了解渴，这是"含义"；但大家只吃了一小口，是考虑到战友情，生命的保全，则是"意义"。从这里可以看出，与"含义"相比，"意义"更强调超越自然欲求的人性的升华，而且它与主体的体验，与特殊的处境相关，呈现无数可能性，比如有些战友可能考虑到帮助，有些可能是跟从，有些则相对无知，这种无限可能性却是在道德、崇高等审美意向的角度凸现出"意义"的独特性。据说达尔文到达一个原始部落时，送给当地酋长一块毯子，酋长把毯子分割成平均的一小份分给众人，这就使酋长对毯子的理解有了崇高、道德的意义，这就是毯子的"意义"，否则从"含义"的角度来看就是纺织学、服装学了……人文学科的"意义"性使其从科学主义的泥淖中脱颖而出，当然人文学科也不得不面对话语权争夺的问题。

历史学科在我们的研究中一直是作为样本，对历史的写作不同的史家会采用不同的叙述方法，究竟谁应该是可以信任的历史著作呢，谁才真正反映历史。许多人往往认为是特殊的史家群体，中国古语说"历史是胜利者的语言"，成王败寇，历史是统治阶级写的。现代西方理论发现其实真正为后人所熟悉的最终的历史（著作）其实决定于叙述者的水平。这种说法在史学理论界正是大家所担心的，因为其结果甚至使历史退入到小说的范围中。其实严格来说，这不过是人文性的过分凸现而已，就像人文学科必然要坚守理性的底线一样，历史也在客观性的追求上进行大量的工作。

教育面临的处境也许比历史学更加可怜，往往"没有接受过教育训练的人也可以随便对复杂的教育问题发表意见"，而且"教育学的界外人士可以肆意'解构'教育学"，更兼其他诸如经费不足，无有学术大家扛鼎等原因，导致教育系在芝加哥大学的撤销。[1] 芝加哥大学教育系的命运同样是我国教育面临的问题，也是教育系乃至人文学科缺乏客观性的结果，历史学与教育学的这些处境正是人文学科所面对的处境，人文学科必须为争取客观地论证其最高价值的合法话语权而奋斗。可以肯定的说，教育学等人文学科在价值性特点的支配之下，必须考虑在何种程度上可以有效地作用这些人文方法。

教师人文方法的原则 /

在明确人文学科方法特点的基础上，厘清在使用这些人文方法所应遵循的原则，为保证人文学科在追求人性、追求爱与崇高等自身事业的时候得到普遍认可的合法性和合理性。可是，人文方法遵循的原则并不是科学主义强加的原则，而是立足于人文学科自身发展的原则，大致看来有如下几点原则，值得注意：

知识、情感、意志与主观场景相统一的原则

人文学科是与人道主义等相关的，具有人性追求的特点，可以理解的是对人性、人道乃至人文关怀的多样化解释都是与个人的情感、意志相关的。知情意行原本是一个有机的统一体，在人文领域尤其如此，只不过这种统一性在人文学科研究中更加突出一些，在这里把"行"从中剔除出来并不是否定人文学科可以脱离社会实践，而只是更加强调方法论意义上的认识，也就是旨在说明作为人文方法的知情意整体必须与主体所处的生活情境相关。与人文学科理解需要在实践中加以证明不同，人文方法使用原则不需要为结果正确与否负责，它只为人文方法的使用明确界限。比如体验，是个体在自己所处的生活世界中形成的情感、知识支配之下对人文对象的一种经验，因此就必须突出这些情感、意志的生活性，如果一旦抽象出这些知情意就不是人文方

180

---

[1] 周勇.芝加哥大学教育系的悲惨命运[J].读书，2010(3).

法，而更像是科学方法了。这种错误，在现实的教学中并不少见，特别是语文、历史、音乐、美术等学科涉及对情感体悟的时候，很多教师习惯于进行背景分析，并强调阶级立场、客观条件，把主要是代表教科书的理解灌输、强加给学生。新课程改革已经意识到这一点，要求确保学生的主体性，也正是对这一原则的张扬。

有限性原则

科学主义在现实状态下是无孔而不入的，它就像影子一样跟在人文学科周围，致使其研究总是在客观、精确、理性、可重复等的意义之下，这样一来原本充满着偶然性、不确定性、个体自适应性（能够根据环境变化依照自己的理解来进行调整以形成观念）等特点的人文学科不得不围绕理性和客观进行内部调节。这种人文学科领域里的研究主体与客体相联系的内在相关性，使得人文学科在现实中纠结为客观规律与主观理解之间的调和。一直以来，教育领域里有关教育是不是科学的争论从来就没有停止过，落实到实际教学工作中，就会涉及到许多相关的教学问题：教学经验能不能模仿、班主任工作有没有规律、思想性教育能不能规范化……按照此原则，或者原本就是在教学实践中凝结出来的原则，要求教学中始终做到理论与实践相结合，坚持在教育教学普遍性原则指导下具体研究教学现场的特殊性，做到两者的有机统一，也就是要在教学中援引最一般的教育学、心理学知识时务必与多变的教学现场相联系，以构建学校或教师的风格。

坚持历史性与类比性相统一的原则

作为一门学科的真实性一直是人们必然的诉求，人文学科的真实性如何保证，这只有通过对人文学科的预言进行不停地自我调适过程中，对有限的预言进行历史地考察和横向层面的类比考量之后才能确立其有效性，只有在这个层面上才算最终实现了人文学科的发展。事实上，人文学科研究内在的事实与价值的统一性特点，决定了理论必须与实际相结合，在现实与历史的交会中不断地修正前行。在学生一辈子的学习中，大家可以发现：像历史、政治、语言等人文学科哪怕是其中的科学性的东西在不同的学制（初中、高中或者大学）里就像换个马甲又重新登场了一样，初中历史、高中历史、大学历史只不过是对某种观点的不断深化、前移和发展而已，语言学更是如此。至于其中的观点正确与否，不是源于某种确定的实验，因为人文领域的偶然性确保不了某一事件或现象的再次发生。那么如何证明人文学科中的某一观点是正确的呢？这就必须建立在理性支配下某种主体价值指引下的判断基础之上。比如前面提到的对曹操这一人物的评价，历来的统治者都将其定义为奸贼，而社会主义中国将其定义为枭雄，虽略带贬义，但终归已经属于杰出人物行列，这源于认识主体站在什么立场上采取什么样的史学评价观。那么，对曹操历史功绩采取肯定的价值判断大家普遍觉得得益于毛泽东同志的直觉。我们又怎么知道这种直觉是科学的呢？大家可以通过"移情"、主体间性的方式站在历史的角度对同类事物的总结、抽象化后再根据自己的生活经验进行体验获得同样的认知，这就确保了人文方法的效用。

人文学科与自然科学等一起构成的具体科学为哲学的发展提供了科学的基础，为其提供了研究的材料，从中抽象出的最一般的知识并加以系统化、理论化后的认识可以称之为哲学，包括人文学科在内的各具体科学自然受益于哲学发展所带来的福祉。哲学为具体科学的指导作用主要体现在理论思维的指导，方法论的指导，认识论的指导和形成具体学科观的指导。故而，人文学科的方法要取得新的进展，必须植根于哲学的研究。正如我们在论述人文方法的时候所指出的那样，任何一种人文方法都最先由哲学家、思想家所发现，然后再被推广到人文学科里，比如描述、体验与内省等。

现在不能断言的是人文方法仅上文所列的几种，可以确信的是它必将随着人文学科特别是哲学的发展而获得新的发展，发现其他正在使用还没有受到人们关注的人文方法。作为教师形成人文方法这一素养，虽不必为发现新的人文方法而孜孜追求，但是偶尔的内省自己的教学，也许能够发现一些新的方法。比如隐喻的方法在教学中常见，颇有点同理可证的意思；许多夸张、对比论证等方式同样也正在人文学科中发挥着积极的作用，这是需要大家注意的，有意识地使用这些即使不是为了发展人文方法，至少也能为大家的教学提供更多的精彩。

/ 教师人文方法的教育学意义与操作建议 /

教师有意识的训练和培养人文方法，将对自己的教学带来许多积极的成果。这种作用只有在教学现场中才能得到认可或者理解，进而加以应用，这也正说明了人文方法的生活性特点。在此，我们将为您提供一些教学的实例，以此来说明形成一定的人文方法对教师人文素养具有的实践意义。人文方法的培养对于各学科教师来说是十分有必要的，尤其是自然科学教师更是如此。一般情况下，对于自然科学的教师来说，人文素养就像是他们的冤家一样难以接受，事实上他们更需要培养人文素养。试想偌大的中国至今都没培养出一个诺贝尔奖，如果还只是对诺奖进行怀疑，而不反思自己的努力，或许也不是自然科学的态度。其实他们的差距或多或少与缺乏人文素养有关，因为尽管人文素养不会直接对自然科学的发展产生影响，但是在自然科学发展的前沿问题上，人文素养往往能够为其提供新的思路，或者在交叉学科创立之初为其提供过程指导，甚至在科学发展的危机时期，更需要人文素养这种保证他们能够摆脱迷失的工具。

诺贝尔奖获得者的多种才能，给自然科学发展带来的是榜样作用；那么对中国自然科学教育的发展就可能是训诫了。我们强调各位教师能够在教学中自觉提升对人文方法的反思、应用与推广，以此来为未来的人才提供全面发展的能力。

加强人文方法的认知，自觉应用于教学实践，为其教学提供人文示范性，从而提高教学的实效性/

人文方法时刻影响着人们的教学行为，即使并没有被人们所熟悉，但其影响时时存在，甚至在数学教学中也能得到体现。将这种方法应用于教学实践，自然就能为教学提供人文示范性，增强了教学的亲和力，从而提高教学实效性。比如严谨的小学教师对学习困难学生的研究到了细致入微的程度，他们往往能够另辟蹊径为这些学生提供特殊的教学方案，无论是研究的特色还是努力程度都是值得大家学习的。

数学教学中的体验、描述和内省方法示例

案例背景：一般的学习困难学生往往通过数手指头的方法来开始加减法，使用这种方法的孩子在做加减法的时候会出现两个较为普遍的特点：做超过10的加法时先使某一个数达到10，然后再加剩余的数字，比如8+5，在其思维中表现为8+2+3=13；这些学习困难生计算数字都超不过19。教师把演算方法呈现给他们，让他们一边学习一边说出来，效果较好。

案例过程：对于两位数的加法题，只要相加结果超过10，就在数字上画圈表示10，并把余下的数字用小号字体写在该数字的右上角，例如计算77+46+98+27。

1.个位数相加

7 7

4 ⑥³   7+6=13；在数字6上画圈并写个小3在旁边

9 ⑧¹   3+8+11；在数字8上画圈并写个小1在旁边

+2 7   1+7=8；将8写在总和的个位数上。

8

2.十位数相加

　　　　　　　数个位上的圈：2，把2写到第一个十位7的旁边加起来为9

7² 7   9+4=13；在数字4上画圈，并写个3在旁边

④³ 6   3+9=12；在数字9上画卷，并写个2在旁边

⑨² 8   2+2=4；将4写在总和的十位数上

+2 7

4

3.百位数相加

77   数十位数上的圈：2

46

98

+27

248

将2写在总和的百位数上

案例评价：此案例虽是小学数学题，但是其中的人文方法探索是值得肯定的。每个学生对数学的理解和体会是不同的，这就是他们的生活世界。有的学生只要见到教师心算就能学会；有的学生只要在加法草稿上一写之后就学会了；还有的，就如本案例所指的即使列出草稿还是不会运算，就需要其他特殊的方法。教师在这里让学生亲自去体验画圈，并不断地复述整个过程，使其能够在内心深处提升对加法运算的把握。

越是对学习困难的学生，越应该倡导使用人文方法，因为逻辑证明的方法并不适合他们的心智，因此在这种情况之下最好的办法还是从学生本身的认知以及他们所处的生活经验出发设计教学，也许更能提高教学的效果。

加强人文方法的实践，立足于教学实践，强化对人文方法的理解和应用 ╱

作为教师都有这样一种同感，也许在考试的时候大家的解题速度不一定跟上学生，尤其是文科学生，因为教师做题与学生相比，不仅要强调做题的正确性，同时在其潜意识里还要思考题目涉及到什么知识点，应该用什么方法去说服学生以便他们理解。这是一个成熟的教师必须具备的，所以从某种程度上来说，教师自己解题能力的强弱并不决定教师能力的高低，反倒是教师能不能把问题分析清楚，将知识点的联系研究到位才表明教师的能力。

历史课教学中的隐喻、直觉与个案方法示例

在一堂有关中国晚清外交政策变化的高中历史复习课教学集体备课活动上，该校历史教研组的风格或特色是每节课都能确保围绕一个主题进行教学，以下是教师的思路讨论实录。

师1：怎么样将中国晚清的外交变化说清楚，我觉得最好让学生自己通过一个人物的经历来勾勒，由学生自己根据课本知识的学习来选择这一历史人物，比如李鸿章或者慈禧，并分析这个历史人物所经历的外交环境和各时期的历史变化，从而把外交政策系统化。（这个方案要求学生直觉意识到某个相关的历史人物，并根据这个历史人物来研究外交政策的变化，有利于提高学生的分析归纳能力，强化学生的个案性思维，当然也反映出教师的组织能力和个案性思维，因为教师往往要走在学生的前面。）

师2：由于每一次外交政策都是在不同时代背景之下所做的权宜之计，按照国家利益决定外交政策的理论依据，我们可以设立一个博物馆，分别有1840S馆、洋务时期馆、维新时期馆、末年馆（暂名）等，分别由一小组去整理其背景、具体内容、影响等进行交流展示。（这个方案运用隐喻的方法，把各段历史比成博物馆分馆，由学生小组讨论，可以让学生在体验中复习历史，使用了理解、描述、辩论等人文方法。）

由于教师的思路一打开之后，各种观点层出不穷，有以条约内容进行罗列的，有以地图方式展示的，甚至还有人从某一小说作为背景进行讲解的，虽然有些并不适合复习课的教学需要，但是在这种交流中，教师始终能够保持一种研究的状态，学习合作的氛围，这何尝不是人文素养的体现呢？

教师自己要掌握人文方法，同时还需要把它转化到教学实践活动中去，这一方面可以提升教师自己对这些方法的理解与体验，另一方面则可以实现教师的专业成长，只有在这种不断实践、探索和改进研究的过程中，教师才能寻找到生命的意义，幸福的真谛。对于学生来说，在教师的人文感召之下，他们必将从中学到一辈子受用的东西。有人问：教育之后，剩下的还有什么？这不就是方法和素养吗。现实教学中，很多孩子喜欢问"如果不考试，学这一门课有什么用呢？"很多教师会告诉他们该学科的思想将让他们受用一辈子。可是谁能保证数学分类思想能影响学生一辈子，或许其中培养的做人要精密的素养可能才是数学影响学生一辈子的东西。同理，人文方法不是教师用来记住的，而是应该用来自觉贯彻到实践中去的素养，才是学习人文方法的最终目标。

加强人文方法的研究，立足于教学实践的反思，提升对人文方法的生成、发展与传递 /

人文方法的产生和发展从来都是伴随着人们的实践与研究而不断发展的，对于教师来说即使不能做一个专业的研究人员，至少应当具备研究的素质，这不仅是新课程改革对教师角色转变的需要，也是教师追求自身幸福生活的需要。当教师有意识地在教学过程中运用人文方法，带给学生的不仅仅只是一种方法，还有听课的愉悦。正如我们前面已经指出的那样，人文方法还未达成一致的建议，有许多人文方法尚未被人们发现，但的的确确指导着大家的行为，因此在教学中反思自己的人文方法和素养，必能从中得到新的教学启发。无疑，这种启发有利于人文方法的生成与发展，借用学校教师合作平台、教研组等方式，还可以将此类经验在同质群体中传播，以达成教师人文素养的普遍共识。

当越来越多的人开始诟病人文学科在应试教育的重压之下，已经失去了人文的本质，变成了没有人性的机械式的教学。站在时代呼唤人文精神的迫切形势之下，研究人文方法在教学实践中的意义，不断加以反思，甚至在自我的教学实践中加以推广、生成，并将它传递给我们的下一代，纵然对每一个教师来说付出的努力和取得的成就都是微小的，但是当所有教师都在为此努力的时候，这种力量将是不可估量的。下面，我们给大家提供一则江苏省特级教师于永正老师上的小学语文课《圆明园的毁灭》教学实录，案例根据实录选择其中的片断整理摘录于下。

语文情感教学中用内省、体验、辩论的方法示例[1]

一个学生在教师的鼓励和表扬之下，把一段话读了五遍之后终于读好了。

师：同学们，如果圆明园现在还完好地保存着，你会以一种怎样的心情去读第二、三自然段？

[1] 彭钢，蔡守龙.新课程教学现场与教学细节[M].北京：教育科学出版社，2005.19—22.

生：我会以十分自豪、十分高兴的语气去读。

师：那就请你用自豪的语气把第三自然段读一读，注意把自豪的语气读出来。（生有表情地朗读了一遍，老师要求其用同样的表情再朗读一遍）

师：可惜圆明园被英法联军毁灭了，让我们记住这一天——1860年10月6日。把书拿出来，再次读这一自然段，把我们的恨、怒读出来。（生齐读）

师：如果圆明园还在，应该以怎样的心情读第四自然段？（生齐读）

师：最后一句再读一遍。

生："所以，这又是当时世界上最大的博物馆、艺术馆。"

师：如果它完好无损地保存着，我们每个中国人该是多么自豪啊。可惜，它被英法联军掠走了，搬走了，毁掉了。请我们再次通过朗读记住这一天——1860年。

师：请记住中华民族的奇耻大辱。

师：我发现同学们有两大优点：第一，读书非常投入，越读越好，越读越懂，感情越真挚。第二，读书会做记号。有许多同学把第二、三、五自然段画了许多波浪线，而且有人在旁边写了一句话。

……

师：今天我发现学生很会背书，很会写文章。请大家来认识几个新字："苏、艺、奉、唐"。（学生在黑板上写）

师：字写得好得红圈。艺，上面要小一点，下面大一点；奉，这一撇一捺要写得夸张一点。（师演示，学生模仿）

这堂课上得非常精彩，最后孩子们还哭着与老师分手，也从一个侧面表明这节课的成功之处，站在人文方法的角度来思考，主要有如下优点：通过阅读教学法，孩子们自主学习，运用自己的理解去体验文章的情感，并重复阅读，以深化这种情感，从而使情感内化为学生的素质；教师在多次对比性的提示下，将学生的情感加以升华，并强化这种情感，提升孩子的爱国心；在最后的教学阶段，写字教学中，教师不仅让学生体验，而且加以引导，令学生提高对书写的审美能力。

综上，人文方法在教育教学的实践中是普遍存在的现象，发现它或者没有发现它，它都在对教师的教学产生某种影响，只不过大家很少去注意而已。而往往自觉学习和应用人文方法或天赋具备这种素养的教师在教学中更能取得成功。通过本章的介绍，希望能够在方法上给大家提供一点积极的帮助。

/ 教师人文素养的修炼

人文素养是以人文知识为基础，人文精神为内核、人文态度为动力与人文方法为手段而形成的有机统一整体。要提高教师的人文素养，需要在人文知识、人文精神、人文态度和人文方法各方面加以训练和提升，只有这样才能形成完整的教师人文素养。正如人们已经发现的那样，单单具备人文知识并不自然形成人文精神，但是人文精神的形成必须建立在丰富的人文知识基础之上，人文素养是以人文精神为核心的，也就是人文知识是形成人文素养的第一途径；人文态度是人文素养形成的动力，是保持人文精神永往直前的强大引擎，因此端正人文态度是人文素养的又一途径。人文素养本身是一种内在的素质，需要通过外显于行动的人文方法得以呈现。这种相互联系相互影响而构成的有机整体，在不断地变化运行过程中推动了人文素养的形成、发展与固化。本书前面各章已经对各组成部分的修炼提供了可行性建议，因而本章将从整体性上来说明如何提高教师的人文素养。

/ 教师人文素养的内部修炼 /

所谓教师人文素养的内部修炼指的是通过教师自身的努力和学习，主观上对自己的人文素养保持自觉，并加以优化的一种形成机制。由于是从人本身出发来提高教师的人文素养，因此这是人文素养修炼中最基本和核心的手段。这一修炼方式大致包括了以下几种具体的方式。

校本研究基础上的修炼 /

教师人文素养的修炼总是植根于教师自己的环境，这个环境不仅为其提供了各种发展的条件，也为教师发展明确了目标和任务。正如每一位教师的修养形成除了自身的禀赋之外，更多的来自于环境对其的影响。校本研究，是新课程倡导的教师实现自我发展理念的重要组成部分，其意是要从学校本身的实际出发进行研究，这种思想据说最早产生于上世纪70年代。有人把这次运动的理念简单地概括为三句话：基于学校，在学校中，为了学校。结合教师的人文素养修炼的实际，可以将上述理念分别表述为：基于学校，指的是教师发展应立足于自己学校的文化特色和校园氛围进行人文素养的训育，通过形成与发展教师的人文素养来发展教师，从而促进学校主要是校园文化的发展。它倡导从学校自身的条件出发对教师进行人文素养的培养，但是这个理念并不排斥借鉴和利用其他学校的优秀文化特点为我所用。事实上也只有通过文化的交流和传播才能更好地实现文化的发展。当然，借鉴与吸收其他学校文化来发展自己也是体现校本研究精神的。

为了学校，培养教师的人文素养是为了教师职业生涯的永续发展，从而为学校的长久发展奠定基础，更主要的是为了将这种精神性的东西外化在教学活动中，继而影响学生的成长与发展，培养一批良善的社会公民。教师是实现自身发展的根本原因，是促成学校发展的主要力量，也是推动课程改革顺利实施的主体。因此，为了学校就是强调教师的发展，从本书的目标来看就是要突出教师人文素养的培养。

在学校中，则指出了教师的主战场在学校、在班级。教师的人文素养形成要在自己的学校教学实践中进行，在学校的发展始终贯穿人文素养的培育，以此形成教师人文素养为学校的发展提供一个积极的精神动力。

学校着装如何符合学生身份

有关学生着装的问题虽然不是重要的问题，但是作为主管德育工作的领导，我们有时觉得很棘手，因为管得多会被人家说是不民主，扼杀学生的创造性；不管则会导致学生的穿着严重脱离学生的身份，不利于德育教育。为了整肃校风，我们也在观察，为什么会出现这样的问题。经过一段时间的研究之后，我们发现主要有几类班级的学生存在着着装不佳的问题：一类是经过外出培训的艺术生，以高三为主，他们在培训机构和各种社会情境中沾染了不合标准的穿着之风；一类是班级学生家庭条件贫富分化严重的；一类是班级任课老师穿着比较前卫，爱打扮，且只顾教学不太注重细节的人，特别是女教师……针对这些问题，我们提出了三个主要对策：一是艺术班学生加强纪律教育和审美教育等；二是在贫富分化严重的班级进行教育时，突出美不在于价格高低，而在于整齐等；最后一条就是在教师大会上提出要求各位老师要注重自己的仪容仪表，率先垂范，为人师表，以此给学生以潜移默化之影响。当然，我们也承认这些方法不一定能从根本上解决学生着装问题，毕竟社会风气如此，但是要尽可能地解决这件事，这是作为德育管理者的使命，是以学校长远发展和校风塑造为目标所进行的必然选择。

学校教师如果有与学校共荣辱，同命运的人文关怀，那么其必然能够做到谨身节行，时时"拂拭自己的心灵"。如此一来，教师的人文素养修炼也必然是从学校实际出发的，也是最终有利于学校发展的。而且，建立在校本研究基础之上的人文素养也体现了教师人文素养的特殊性，使其与其他行业的人文素养相区别。所以，我们始终认为对教师来说，要养成积极的人文素养定然需要从自身所处的环境也就是学校角度出发进行自我提升：基于学校，在学校中，为了学校，进行人文素养的研究与修炼。

自我学习 ╱

如果说校本研究基础上的修炼是教师人文素养形成中最根本的外部动因的话，那么自我学习当被认为是教师人文素养形成中最根本的内部动因，而且比校本研究具有更为深刻的影响力。这是一种内生性的人文素养形成活动，而不是外源性的。自我学习，顾名思义是在人文态度的指导下，通过教师自身的努力来获得人文知识，生成人文精神或者激发内部人文精神的修炼方式。它主要包括阅读人文经典（阅读）、感悟人文精神（反思）、体验人文情境（实践）等来提升自我人文素养的修炼方式。

阅读向来被认为是提升个人思想品质的重要途径。欧阳修就曾说到"立身以立学为先，立学以读书为本"，就已经指出阅读对于修身的道理，而且这样的思想得到儒家普遍的认可。不仅与此，连西方人也对此有着共通的体认。不消说培根有关读书的名言了，国内几乎每一家图书馆都能见到高尔基的名言："书是人类进步的阶梯"，其实在人文素养的形成方面，他进一步指出，"每一本书是一级小阶梯，我每爬上一级，就更脱离兽性而上升到人类，更接近美好生活的观念。"所以，正像诗人弥尔顿所说的那样，"书籍并不是没有生命的东西，它包藏着一种生命的潜力，与作者同样的活跃。不仅如此，它还像一个宝瓶，把作者生机勃勃的智慧中最纯净的精华保存起来。"现实的人们阅读方式发生了变化，但是阅读的价值仍然是一致的，因此读什么样的书和怎样读书依然是一个不可回避的问题。对于教师形成人文素养而言，是要读一些与人文精神相联系的历史、文学、哲学、经济、法律、各自然学科史等。我们以为最重要的还是历史与哲学，因为所有人类的问题应放到整个历史长河中去思考，只有在宇宙的高度来理解，人类才会自然地形成积极的人文素养。在读书的时候，也要始终抱着批判的精神，抱着同情的精神去阅读，抱着思考的态度去阅读。

阅读是教师获得人文素养的基础，那么反思则是在阅读基础之上的升华，是一种精神的内化与生成过程。所谓"学而不思则罔，思而不学则殆"，如果学习而不加以思考就会迷茫，富兰克林也说过"读书是易事，思索是难事，但两者缺一，便全无用处"。的确，只有阅读而没有思考就像只顾着拍照的旅游，只有思考而没有阅读则如同在纸上看风景，只有阅读基础上的思考才是真正意义上的旅游，既留下纪念也享受快乐。对教师人文素养的形成来说，反思就是要思考自己阅读到的东西与教学的关系，思考这些东西是在多大程度上能够尊重学生激发他们的人文潜能。政治教师对于"浪费粮食是要遭天打雷劈的"这样的观点不要固执地用唯心主义来贴标签；语文老师不要用太逻辑的思维来分解某些夸张性的描写，也不要执着于小说的"穿帮"细节；数学老师不要眼里只有数与形，而忽视数学的生活化功能……新课程改革特别强调教师反思的价值，这从一个侧面表明教师人文素养的形成同样也需要反思，正如一个流行的观点那样，"教书三年不一定成为名师，但反思三年就一定会成为名师"，关键就在于能否坚持下来。反思需要注意的是，必须围绕着一个主题进行反思，必须是对教学实践中产生的问题进行反思。说到底，教师人文素养的反思就是要在教学实践中思考如何真正做到以学生为本，以学生的终身发展为本。在大量阅读基础上，多"开动机器"本身也是人文素养的体现，没有人文素养的人不仅没有对书籍和文字的敬畏之心，而且更无法明白其中的人生哲理，靠着自发的那点人文性的素养是难以企及人文精神的高度的。正如阿拉伯谚语所说"学者的一日，比那些不学无术的人的一生还有价值"，因而才有"朝闻道，夕死可以"的宏愿。

然而"纸上得来终觉浅，绝知此事要躬行"、"书到用时方恨少，事非经过不知难"，许多的人生道理不是阅读和反思能够完全领悟的，它需要在实践过程中加以深化与理解。马克思主义也认为，在改造客观世界的同时改造着主观世界，两者是相互联系的。教室是教师最重要的实践基地，只有抓住这一主战场，才能更加有效地进行自我学习、反思与提高，也只有反思这一基地所产生的现实问题，才能获得反思的价值。教师人文素养如果只是对一些大道理的思考，而没有接教育现场这一"地气"，思考就会变成海市蜃楼。在做中学，在学中做，同样是教师成长的有效途径，也是教师形成人文素养的有效途径。

同伴互助

同伴互助不是指教学上的互帮互助，而是基于教师人文素养提升的同伴互助，这种互助强调的不是简单的对话，而是在对话基础上产生的人文思想的碰撞。好多时候，人对于人生问题的把握是在向人诉苦、平等沟通、开导他人和研究旁观等多种情境之下产生对人文性问题的思考，从而自觉地形成其人文素养。教师作为一个处理人与人之间关系的职业，比其他人有更多类似的机会，不管是何种方式，都能激发人性的思考与沉淀。

教师并不是不食人间烟火的圣人，在学生面前永远能保持庄重严肃的表情，其实他也有自己的喜怒哀乐。我们鼓励教师把自己的情感发泄出来，而不是憋在心里，除了如进KTV、参加体育运动、登山和旅游等自我调节之外，建议找一个亲密的朋友诉说情怀。有时候自己一时想不明白的事也许在他人看来是轻而易举的事，有时候自己解不开的千千愁结也许在他人看来不过小菜一碟……反倒是他们的阅历为我们增加了面对世界、人生困难的经验。

平等沟通，指的是两个或多个人在共同旨趣的前提之下，谈人生，谈理想，虽然这种情况在教师身边越来越少了，但是惺惺相惜者尚有人在。其实有的时候，教师给他们一个成功的机会，他们很愿意为此而努力。比如写作，特别是教学反思，学校强制每一位教师写教学反思，结果大家都是随便敷衍一下。一次偶然的机会，学校进行了论文评选，案例和反思也可以参评，有一位教师通过这个平台在县里获得了一等奖，从此以后改变了他的生活方式，他变得喜欢从事教科研。虽然教科研的重视并不意味着就是人文素养的提升，但是告诉大家一个道理，即使是一次小小的成功就有可能改变我们对人生的判断和选择。心理学家班杜拉指出，"认为他人缺乏事实基础的言语劝告对人们形成自我效能感效果不大。而在了解实际情况的基础上，进行有针对性地劝说和鼓励，效果最大。"谁对你的评价影响最大？我想最了解你的莫过于你的亲密朋友了。因此，提升教师人文素养也应该从平等沟通开始。

开导他人，在很多人看来也许并不能提升教师的人文素养，实质上当你在开导他人的过程中也在感受着他人的感受，理解着他人的理解。不仅如此，作为开导者必然比被开导者有更多的人生体会，至少也要有善于倾听的能力，让被开导者在你这里得到一种信任、安全和帮助。知识的东西不能叫开导，那叫提示；只有人文性的问题，才叫开导。西方的教堂里人们向牧师求援叫告解，牧师就开解他们。教师不是牧师，但在很多时候担当着牧师的功能，学生有心理问题需要教师帮助疏通，同事或朋友需要心理帮助也要我们进行疏导。当类似的问题经历得多了，我们自己的阅历、自己的人生观也在不断地成熟和发展起来。始终记得在开导他人的过程中坚持以人为本的原则，尊重人，尊重人的生活，尊重其权利和欲求，本身也是对我们开导者自身的一种人文考量。因此，开导他人也是教师提升人文素养的途径之一。

研究旁观，与其他三种途径都有主体参与的情况相异，研究旁观这种方式指的是站在旁观者的角度对当事人的言行进行人文性的考量，通过辩论、理解、内省等多种人文方法的研究，从而提高自身人文素养的办法。

对"范跑跑事件"的一些思考

对教师而言，"5·12"地震中出现的"范跑跑事件"的确牵动了所有教师的神经，也成为教师界的耻辱。在这里，我们处于旁观者的立场，对其进行着批判，更多的是在其他人评价基础上作出的人云亦云的结论。设想在那样的时候，我们能不能确定自己会做怎样的担当？会或者不会，这是两种选择。关键问题就在于：范老师（注意在这里使用这个称呼，也是基本的人性）没有做出应有的行为，还放言不会救。其实，没有救是本能条件下的产物，不存在着价值评价的问题；但放言不救，则是道德问题，表明了师德的沦丧。再进一步，今年国家教师法里要将保护学生安全写到教师职责中去，是不是表明师德问题就应该成为一个法律问题呢？先不说在此次地震中逃跑的官员把一部分学生留在礼堂里，是不是具有更大的责任，公务员法也没有说明遇到灾难要拯救人民为先啊，国家是不是也考虑加进类似的一条呢；如果是教师的职责，那么近期黑龙江张莉莉教师在危急关头拉开学生，自己反而被车撞伤导致下身瘫痪就不应该获得那么多荣誉，因为这都是应该做的呀；更进一步，由于突发灾难中出现的问题理应是政府提供公共服务的法定义务，理应是消防、公安等政府部门的职责范围……引用伏尔泰的话，我始终捍卫范老师讲话的权利，但并不表明我支持范老师的观点。

作为旁观者来探讨人生问题，必然涉及到主体间性的问题，也就是要思考在多大程度上能够将自我的感觉"移情"到当事人身上。在人与人之间寻找到理解、交往的共同认识，是决定旁观者能够理解（人文方法的"理解"）当事人的基础。在案例中，反思者作为旁观者比较理性地分析了问题的实质，这也是开导他人中必须具有的人文品质。

综上四种方法，向人诉苦、平等沟通、开导他人和研究旁观，是建立在人与人之间关系基础上的精神性的交流，是人文素养淬炼的重要途径。作为教师应该更能充分运用这一方法，在师生之间、师师之间、教师与外界人文事件之间建立沟通互助的纽带，共同促成人文精神的萌蘖。

专家引领 /

专家引领与自我反思、同伴互助一起，共同构成了校本研究"三位一体"的教师发展途径，也形成了本次新课程改革对教师发展的基本思路。专家引领在教学领域里指的是由一定教学经验的名师或具有教育研究理论与实践能力的专家对教师发展进行指导的教师发展方式。教育教学的经验是不断积累的过程，因此是可以实现以老带新，以专业带新手的，但是人文素养本身不是一种可教育的东西，不可能通过专家指导来形成。它不是一个一蹴而就的事情，但又不是"慢工出细活"的过程，压根它就不是可教的。然而人文素养正如"三人行，必有我师焉"，它又是可学的，这正是辩证法的奇特之处。学与教并不是一个平台上的对立双方。那么又怎样进行专家引领呢？其实，这种引领只能是模范、榜样作用。无论如何，要形成人文素养还是要靠教师的自我领悟。

情感、道德等是一些不可说教的东西，人文性素养的教育也是如此的。在心理学家班杜拉看来可以通过观察学习、榜样示范和强化等方式来完成的，它的意思是说这些素养可以通过观察学习获得和改变；榜样会影响到个体素养的变化；榜样示范、替代强化、自我强化在教育过程中起着重要的作用。[1]因此从这个角度上来讲，教师人文素养也可以通过观察专家(可以是各行各业的具有人文素养的人，这里主要指有人文素养的名师或教授等)的人文性言行，在其榜样性示范作用之下，通过替代原有的人文知识、人文精神和人文态度并加以自觉地强化而形成的。事实上，大家发现往往越是著名的专家其对自身的修养要求也越高，因而对一般教师来说从他们身上可以学到相当多的人文资源。

一个普通数学老师的情操

这是一个数学新手教师与其师傅的对话，师傅也就教了八九年书而已。

徒：师傅，这个数学问题你大概讲了几十遍了，为什么你还要不断地在那里做题、备课。

师：我怕在上课时出错。

徒：那不是稍微看一下就能做出来的嘛？到班级里讲课的时候写得慢一点就好了。

师：数学教学可不能只是"计算"给学生看就行了。

徒：你在黑板上写得慢一点，学生不是就学进去？心理学上这叫"大声思维"！

师：噢。我没听过这个东西，不过我想你还是认真备一下课好。

徒：备课是为了应付学校检查的，我还是去教室里看看学生有没有做数学题吧。

师：(轻轻一笑)这终归还是一个良心活，要做的还是得做好啊。

徒弟好像略有所悟……

这样的事例在现实中学里并不鲜见，尤其是刚刚毕业的大学生，有朝气有自信，但是缺乏虚心求教的态度，缺乏责任意识。这就很需要专家引领，而且应当充分利用好这一方式。可以这样说，年轻教师对老教师保持一种谦逊的态度本身也是教师人文素养的题中之意，能够从老教师或者其他专家身上学到一些积极的人文素养，更是教师自我提升人文素养的明智之举。

---

[1] 路海东.学校教育心理学[M].长春：东北师范大学出版社，2007：143.

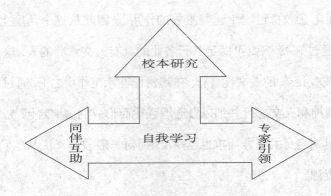

图：教师人文素养内部修炼方式之间的关系图

综上所述，校本研究基础之上的人文素养修炼与自我学习、同伴互助、专家引领构成了教师人文素养的内在理路（如图）。这四者之间本身也是相互关联的，校本研究是自我学习的客观外在基础，是自我学习的外部源泉；自我学习是在校本研究基础上的自我提升，是内在基础；同伴互助和专家引领要通过自我学习起作用，他们共同构成了自我学习的外部动因。这四者之间本身有内外之别，但对于整个教师人文素养结构来说，他们仍然可以称得上是人文素养的内部通道。

/ 教师人文素养的外部修炼 /

教师人文素养的外部修炼指的是教师在一定的组织环境之中，由于受到外部条件的制约在不断地强化过程中慢慢地引起人文素养的变化或者形成良好人文素养，并内化成教师自身发展动力的一种形成机制。这种源自外部组织环境的条件或资源，如果管理者能够加以开发和利用，也许能够在发展教师人文素养方面获得意想不到的效果。正因为这种条件来自于外部强化，因此它也是人文素养修炼的重要手段。这一修炼方式大致包含了以下几种具体的方式。

价值冲突 /

教师人文素养的教育其实与德育一样可以通过价值冲突的方式来进行组织。所谓价值冲突这种人文素养的修炼方式，指的是教师在面对以教育教学为中心的生活事件中出现的一些人文性两难处境所做的价值判断和价值选择，并深入思考该行为的边际价值，最终凝结自己精神的过程。举例来说，对一个成绩始终处于下游的学生要不要表扬，如果不表扬可能会怎样，仔细思考从而获得对表扬是否涉及学生的人格尊重等人文主题有了新的体会。如此一来，教师不仅仅只是在教育，同时也是在自我发展，不仅是专业的发展，更是人文素养的提升。价值冲突这种人文素养对教师修炼来说，必须考虑几个内在的因素。

首先是必须发生在教育教学中有关人文性的事件，这是价值冲突的先决条件，如果不是发生在教学领域，又或者不是人文性事件，这是无法满足教师人文素养提升的要求的。

其次是教师必须对这一人文性事件采取一定的价值判断和选择，任何人包括教师在做出价值判断和价值选择之前，在其内心深处必然受到某种意识的支配，而这种意识恰恰就是人文素养内化后的本能反应。脑科学的发展已经为此作了科学的证明，据美国生理学家本杰明·里贝特在1979年所做的一个后来以他的名字命名的著名实验，即里贝特实验。这个实验证明了"从意志的脉冲到有意识的决定大约有半秒钟，但是又过去半秒钟，人们的手关节等才会有进一步的行为反映"[1]。仅仅是从科学的角度来理解的话，往往让人觉得在这半秒钟时间里，人们完全有意识去阻止行为的发生，对人文事件来说没有采取阻止的活动，这就表明了人文素养的固化正在影响着人们对人文事件的价值判断和价值选择。

最后在组织冲突中还必须对价值选择的边际价值进行反思，这是人文素养修炼中最关键的一步。因为很多教师往往在前两步结束就算教学任务的完成了，但是那样的教学只能是自发的教学，而没有上升到自觉自为的教学；是一种教书匠的教学，而不

[1] [德]理查德·大卫·普雷希特.该不该把桥上的男人推下去[M].北京：中国青年出版社，2000.
119—121.

是研究者的教学；是一种粗浅的教学，而不是专业的教学。当然，没有人文素养的教育本身就是机械化的、片面的、没有生气的教育，是需要避免的。

在教学过程中进行价值冲突，就必须遵循以上三个原则，当然在某种情况下我们甚至需要创设一定的条件来完成教学，在完成教学的过程中不仅完成了一次有意义的教育任务，也成就了自我素养的发展。

一次政治课的价值冲突示例

高中政治课教学中有关人生价值的教学一直是一个难点，特别是在社会主义市场经济发展的今天，人们的观念已经发生了很大的变化，金钱至上的观点替代了传统的精神立身观念，因此这一课内容的教学是非常艰难的。学生普遍有这样的疑问：为什么人的真正价值是对社会的贡献？现在谁还讲贡献，挣钱是唯一的硬道理。谁钱多，谁的人生才有价值，比尔·盖茨、乔布斯、巴菲特、李嘉诚这些人的人生价值才是完美的，书本是不是写错了。针对这一问题，很多教师常常是这样处理教材的。

他们先复习高一讲商品知识时有关"使用价值"的含义，说明哲学中的价值与商品的使用价值具有相同的意义，即一事物对于人们的有用性。一个商品有没有使用价值决定于这个商品本身的属性和人们对这一商品的需求大小；从哲学上讲物的价值也就是它对人的有用性，其价值有无或大小也决定于该物的内在属性和人们的需求大小。按照数学的代入法（教师边板书边讲解），讲人的价值就只要把物的价值概念中把"物"代替为"人"就行了。即人对于人们的有用性，但这里有一个问题出现了，这个人（比如说某某同学）的价值，应该对谁（人类）的有用性，这里的"人类"可以代入某某自己，或者除某某同学之外的整个人类。人有没有价值能不能自己说了算，比如某某说他很有用的，可是大家都觉得他没什么用？这个时候就只能由大家说了算，因此人的价值有无或大小只能由社会上的其他人说了算，也就是说人的真正价值在于对社会的贡献。

教师反思：这堂课上了好多年，一直都没找到比较好的办法来说明。如果不这样上，还有什么办法呢？该如何让学生信服：人的真正价值在于对社会的贡献呢？

这一案例的问题来自于教学现场，不过这个人文性主题来自于课程内容，其实也可以来自于教学过程，比如尊重学生的发言权等；教师对该问题也做出了自己的价值判断和价值选择；而且还进一点思考，如果换用其他的办法是否能够取得同样的效果或者更差。虽然该教师依然没有找到解决这一人文主题的办法，但是作为人文素养形成的价值冲突，其要素是完整的，这也就是大家可以从中学习到的方法和策略。

评价 ∕

正如本书绪论已经指出的那样，现在这个世界是科学主义盛行的时代，几乎每一个现象都被置于科学标准之下进行量化，在评价领域里突出地表现为物性功能上的评价，还缺少人文向度的评价。在教育领域包括教师发展、教师人文素养等方面的评价同样沾染了技术主义的坏风气，表现为指标第一、成绩第一，而忽视人文性的学生全面发展评价、教师发展评价等。的确，我们不得不承认人文评价的薄弱源于中国作为后起国家，在紧跟世界强国发展步伐过程中的紧迫性，需要加强教育的发展。所谓"科教兴国"，当今世界的竞争主要是以经济和科技为基础的综合国力的较量，但科技还需要靠人才的培养，需要靠教育的发展。百年大计，教育为本，它在现代化建设中起着基础性、先导性和全局性的作用。但是教育是一种文化软实力，是依托于人类的整体发展，依托于整个社会文化发展而不断发展的，因此绝不可能通过喊口号，像抓工业生产一样来搞教育的。教育发展现在走进了死胡同，但并不意味着我们就没有机会，只要在教育领域里引入人文评价，真正突出以人为本，而不仅仅是一种文件制度上的理念，中国的教育就是有希望的。同样，只有教育事业的整体发展，教师的人文素养才会迎来发展的春天。

时下对教师的评价考核，基本上遵循了革命年代的评价结构，分"德、能、勤、绩"四个方面，但实际操作中又往往集中于"绩"这一指标，因为其他几项由于人为因素的影响比较大，操作起来缺乏科学性、公正性，因此一直沿用了传统的评价体系，

致使人文评价一直未能进入教育领域，教师不能从评价中受益，反倒是被套上了一道"紧箍咒"。学生成了零件，教师成了半自动化的机器，学校领导是工人，教育主管部门是企业的生产制度。作为机器，他没有生产的主动性，没有更新的可能性，只能随着时间的推移，慢慢地折旧，最终生产能力越来越弱，从而影响整个企业的经济效益。当然，国家也充分意识到这个问题，因此提出新的课程改革，从教师的角度来说要发展教师，增强教师的幸福感，提倡教师成为研究型教师、专家型教师。无论哪一种提法，都是希望把教师从机器状态中解救出来。然而，作为流水线上的一部分，如果只是改变教师的处境，恐怕并不能最终改变我国的教育，还需要国家在此问题上不断探索。目前，每年高考前夕总有一些学生放弃高考的报道，据说这些数字在不断地扩大；有相当多的大学开始实施自主招生……这些尽管不能根本上改变高考指挥棒作用，但一定程度上把学生从高考的压力中解放出来，同时也是一种新的探索，是新的评价理念的胜利。我们提倡教师人文素养，不单单是要把教师从机器状态中解救出来，还要赋予这些机器以灵魂，使其真正成为一个有主观能动性的生命群体。

先前我们已经提出过对教师的评价一定要转变观念，运用多种方式进行评价，可以综合运用QQ群聊、微博、BBS等手段进行沟通性评价。[1]对于教师人文素养的评价同样可以采取类似的方式，在此一方面要继续借助传统评价中的积极价值，另一方面则要吸收评价研究的新进展，发挥评价在促进教师人文素养方面的发展和改变课堂教学实际，刺激人文素养的外化，即最大限度地影响学生，使之形成必要的人文素养。可以设想，如果当教师们开始在QQ群聊里谈论有关人文性问题的时候，对学校来说这就是一种人文气息，对国家前途而言则是一种希望。

除此而外，我们认为通过对人文素养的评价，能够提升管理者的水平。如果管理者真能够把人文评价置于自己的管理体系之中，这对学校发展还是教师发展都不啻是一个好消息。评价方式的多元化，并不能根本上解决评价的人文性问题。那么怎样

[1] 章亮.教师专业发展的制度性保证[J].教学月刊（教学管理），2008(6).

做才能较好地实施对教师人文素养进行评价呢？也就是说要突出评价教师的人文性，就需要遵循几个原则：突出评价的交互性，就是说不能让教师处于一种被动地没有任何发言权的境地，好像他就是一个等待检验的标本，要在与教师不断对话的过程中来进行评价，从而产生令人信服的结论；突出教师的主体性，与前一原则一致，要突出教师在评价中的作用；突出评价的长期性，人的思想、知识、能力与素养等各个方面都体现出人的主观能动性的特点，只要受到内外因素的影响，就会发生变化，评价者应该看到这种变化，意识到这种变化是评价的重要内容，也明白这样的评价才是真正有利于教师发展的；突出素养的发展性评价，与评价要坚持长期性而不是通过一次评价就给人下结论一样，发展性就是要突出教师人文素养的向前性和变化性。这四个原则本身就是相互联系的有机整体，其中心是突出教师的主体性，为了实现这个评价目的，就必须坚持评价的长期性、交互性和发展性；交互性与发展性是互相促进的，评价的交互是为了发展教师，要实现真正地发展就需要加强评价者与被评者之间的交流；长期性则是在发展的基础上提出的更好的尊重教师的主体性。

"为了你好"

为了你好，这是一句很简单地话，也正是这句话在教师尤其是班主任的口中出现得最多。但如果注意一下，其实不难发现这样的话也出现在一些学校管理者的口中。一位年轻的教师进入该校以来，各方面表现良好，所任学科的成绩一直名列年级前几位，有时甚至能够在平均分上超过平等班级十多分，更难能可贵的是这位教师作为班主任有专门的一套管理方法。他的班级管理方法就是让学生作检讨，而且是全班作检讨。当某个学生犯了错误而扣分的时候，他就要求学生写一千字以上的检讨，利用作业整理或者其他什么自修课时间要求学生把检讨书朗读一遍。有时，领导看到了这种现象，在全校班主任会议上表扬该老师，并且要求各班主任学习该老师的管理经验。

同校另一位老师工作已经多年，管理班级总是不温不火，扣分总是有的，学生总是有各种各样的问题，学校领导也对其很没信心，但由于其他教师都不愿担任班主任，因此学校也只能够让他来担任班主任。可是奇怪的是，每当九十月份，往届学生回来拜访老师的时候，他那里的学生总是特别多。学生们回来总是说，谢谢老师你没有把我们管成机器人。他总是笑笑，还开玩笑地说，"我的奖金啊"。该教师常常被领导约谈："希望你能够加强对学生的管理，不要整天懒懒散散。其实我们也是为了你好，也希望你能够早日评上职称。"他习惯了从领导办公室里进出，但管理还是坚持老一套。

作为评价，我们每一个教师心中都有自己的标准，该案例中谁是优秀者我们一目了然，而谁更具人文性同样是不言而喻的。在不同的学校管理中领导们采取不同的选择，完全跟领导们自己的人文素养有关，也跟其所采取的评价理念有关。教师人文素养作为人文主义建设的重要内容，就应当把人文素养的评价作为中心任务来抓。将人文素养评价与教师人文素养的内部修炼结合起来，内外联动，使教师整体提高其素质，从而为社会主义教育事业提高到一个新的境界而努力。不仅如此，当教育评价者开始用人文标准去评价教师的时候，教师也能够自然地树立起人文素养来。如果一个文科老师，比如历史教师在其历史课教学中只是让学生理解过去曾经发生过的事情或者告诉学生各种历史知识、掌故，而未能让学生从历史学习中明白人类所付出艰辛的史识与人类之所以如此发展的历史鉴别能力，那么其教学就不能称为人文性的教学，同样这种教学也会让历史学科丧失其人文性，从而把历史变成了数据报表，成为科学主义的牺牲品。这当然不是我们所愿意看到的，历史课如此，其他学科难道就不是这样吗？即使如医学、建筑学、计算机等学科如果忽视人文特点，那么后果是相当严重的。基因学发展会造成就业不公、克隆技术会带来伦理危机、核危机则已经由日本福岛核泄漏所证明……作为最基础的教育如果不能对此守住最后的底线的话，也许人类的明天真的将是"世界末日"了。因此，我们建议各学校、教育主管部门能够在考核教师的时候重视起对教师的人文性考核，并将这种人文评价贯彻到整个教育教学活动的始终。

构建学习型组织

对于教师专业发展按照国外研究存在着三种取向：一种是理智取向，指的是通过知识传授等方式实现发展，其哲学基础有点像白板效应，最能反映这种专业发展取向的莫过于这句名言"要给学生一口水，自己得先有一桶水"，这种模式的优点是容易操作、成本低，国内教师培训普遍使用这种方式，而且专业针对性强，能够把该让大家掌握的一起告诉大家，但缺点也是显而易见的；第二种是实践—反思取向，指的是通过对教师的专业活动施加影响并促成其内在经验生发的发展方式，主要通过教师自己的反思等方式来实现发展，其哲学基础是建构主义，最能反映这种专业发展取向的名言是"举一隅，而不以三隅反，则不复也"。这种模式的优点是突出了教师的主动创造性，突出其在课程发展中的地位，而且是针对教学现场提出的，具有日常生活性，但缺点是教师单打独斗缺少动力，需要专业辅导和互相交流促进；第三种是生态取向，指的是通过塑造一种教学文化，让教师在文化氛围中得以发展的方式，其哲学基础颇类于韦伯的文化力。这种教师发展取向的优点是从宏观制度层面上来关注教师发展，而不仅仅是从教师个体或者群体发展出发，它通盘考虑了教师、管理者、专家等各方面的积极意义。应该说，各种教师专业发展取向本身是在实践基础上提出来的，自然有其合理之处，也存在着一些不适。教师专业发展不能将教师个人的作用置于一边，也不能忽视外部制度建设，更不能忽视内部专业的支撑，因此需要引进一种能够兼顾各方面优点的专业发展取向，形成教师人文素养同样如此。我们认为比较好的方式就是引进构建学习型组织这种方式。

所谓学习型组织是一个能熟练地创造、获取和传递知识的组织，其内部又能自觉地通过修正自身行为，从而适应新的知识和见解。这一组织的特征是强调团队的合作，在一个组织发展的共同目标之下人人参与思考、学习、研究和创造，通过团队从整体角度进行考量，并对该目标发展采取修正使之更加合理。这种组织原来是作为企业管理制度而被提出的，现在作为学校管理同样具有十分重要的价值，尤其是人文素养的修炼通过教师文化建设来构建与企业管理有着殊途同归的效果。本书作者之一曾经提出的"基于互听互评互研实践的教师评价模式"的理论基础其实也相当于"学习型组织构建"，就证明这种学习方式同样适用于教师人文素养的修炼。

这种模式是倡导在学校这一学习型组织之中通过人文素养的其他方式的交流、学习获得而形成一种既有的教师文化；在此基础上通过每一位教师的人文感悟形成自己的体会并将之与组织内的领导、专家、同事等进行交流，在对话中发展自己的人文素养，组织在此教师文化基础之上又吸取、修正新的人文知识、人文精神和人文方法、人文态度等；再进一步则是学校作为这个学习型组织还要把已有的成果加以巩固，通过制度化的方式令人文内容积淀下来，并对各种人文素养的发展信息加以借鉴、吸收、巩固与发展。

价值冲突、评价与学习型组织构建作为教师人文素养的修炼方式都只是通过外部影响使之发生人文内在的变化，但是这些方法在教师人文素养的形成过程中所起的作用是不可小视的。在某种情况下，甚至与内部修炼起着相得益彰的作用。事实上正如大家所看到的那样，许多学校由于组织缺乏文化建设，缺乏有效地评价机制，不能很好地激发教师发展的内在动力，导致在这样的学校组织里，不仅教师发展难以实现，而且组织氛围也是死气沉沉的。因此，作为教师或者教育主管部门必须要重视起这一人文素养的形成机制，使其真正促进教师的发展并最终造成民主进步和谐的学校发展文化。

/ 教师人文素养的过程修炼 /

"活到老，学到老，改造到老"。这是毛泽东同志在古语基础上修改而成的，加上"改造到老"四个字，它就不简单只是在强调学习，还强调体验，不是在讲一个人的努力，而是需要大家共同努力。因此从这个角度来讲，教师要提高教师群体的人文素养，就需要有一种不断进取，活到老，学到老和改造到老的勇气。这也指明了人文素养的修炼除了依靠教师内在的修炼和外部环境的影响之外，还需要强调过程性修炼，将人文素养修炼在教师职业生涯发展过程中一以贯之。在教师人文素养的过程修炼中，我们主要强调以下几个方面的努力。

坚持／

古罗马诗人奥维德有一句名言："忍耐和坚持虽是痛苦的事情，但却能渐渐地为你带来好处。"此言甚善，尤其对人文素养的造就来说。因为人文素养不是通过短暂的奋斗就能具备的，需要不断地坚持、不断地学习与体会才能够有所发展，与其说这种品质造就人文素养，不如干脆说它也是人文素养的组成部分。所以从这个角度来讲，要养成良好的人文素养就务必强调形成过程中的坚持品质。

"吾日三省吾身"的古训就强调了人之修身养性的问题，需要每日每时不间断地进行，这不仅说明了人文素养形成的艰巨性，同时也意味着要形成良好的人文素养何其困难。教师从事着一个不断重复又不断创造的工作，其成就人文之境界当如王国维先生所谓之境界："昨夜西风凋碧树，独上高楼，望尽天涯路"，此第一境界也；"衣带渐宽终不悔，为伊消得人憔悴"，此第二境界也；"众里寻他千百度，蓦然回首，那人却在灯火阑珊处"，此第三境界也。其实，人文素养的提升对于人的一生而言，存在着不断地形成、经过、实践、体验，加以反思、修正、从而再形成，并经过新的实践与体验，新的反思与修正，如此循环往复，以至无穷，而人的思想也将进入到一种全新的境地的过程。

其实成功并不难，只不过比人家多坚持一点点。曾国藩在太平天国时期，戎马倥偬，但他还坚持每天写一点东西，以反思自己的为人与行事，也正因此被当世之人称为"大儒"，现在我们看到的很多曾国藩的家书、修身书籍无不在告诉我们只要对自己的修养进行长期不懈的努力，就能达到人文修养的顶峰。如果一曝十寒，则所有的期望都只能是在想象中进行了。从学生的学习中，教师发现如果一个问题留下来不解决，第二个问题不解决，如此日积月累，最后会被学习打倒，从而成为差生。人文素养修炼也是如此，教师应该能够领悟到一个类似的人生道理：对于自己修养的努力很多人往往半途而废，人们可能忽视了每一次放弃都会累积到下一次，慢慢地变成一个学生的心理包袱。而每一次退缩，就会产生对自己的怀疑，无论是能力，还是修养，甚至人们对自己的看法都会产生怀疑。渐渐地，由于对自我的怀疑，也就是对未来失去了信心，因而做什么事都畏葸不前，以致最后成为一个失败者。应该怎么去训练自己坚持的品质呢？

有一部电视剧叫《十八岁的天空》，电视剧主人公古老师每天上班之前总是要把一个代表信心的硬币放进储蓄罐，而且告诉自己今天必须解决一位同学的心理或者其他学习问题。从这事例中我们也许能够读到一些什么？对，坚持。其实这里也告诉我们，坚持，首先要有问题意识，要有做事的欲望，在目标订立之后，才能朝着这个目标不断地努力、坚持。不管最终问题有多复杂，他都会想方设法去解决它。因此，训练自己坚持的品质，还是毛泽东同志的一句话说得好："所谓下苦功，就是三个字，一是下，一是苦，一是功"，也就告诉我们坚持首先是要去做，然后是不怕艰辛地努力，再接着是做有用功。教师人文素养的修炼也应从这三个方面去努力。

模仿

模仿从词源上来说有再现的意义，许多哲学家甚至把模仿提高到作为特殊的问题来研究，这当然地指出了模仿的重要性。从人文学科领域里说模仿，不能简单地看成是一种心理行为，而应当是蕴含着主观能动性的再现。可以这样说，模仿是创造的前提，没有模仿作为基础是不可能进行有效地创造的。更深层次来说，特别是针对教师人文素养的提升来说，模仿就是指一教师对某一榜样教师的人文素养服膺而进行的有意识地学习模仿的过程。实际教学中，我们发现师徒结对这种方式，师傅的教学风格会很大程度上影响到徒弟的教学风格，同样师傅的人格也会无形中影响徒弟的人格。正因此，有些学校主张在校内建立名师工作室，由某位名师带领一批新任教师，从而把其经验传授给新任教师。那么，这一师徒帮教模式的实施给人文素养提升的启示在于鼓励教师向名师或者其他有着较高人文素养的人学习、模仿。

但是模仿只是再现，这显然不是模仿的全部意义，只有将模仿到的人文体验发展到自我创造的境界才算是成功的模仿。需要指明的是模仿的对象可以是一切有着丰富人文素养的人，甚至还可以是过去的历史人物（据说读名人传记是提高人文素养的最有效的途径之一），其实这也是不言自明的，因为人文性的东西不可能通过遗传等方式来获得，它只能通过对外部环境的适应在自我心灵深处受到影响并进行内部建构来形成个体的人文素养。所以不管从何种角度来看，模仿都是人文素养形成过程中不可缺少的元素。大家可以仔细地观察，一位新任教师从他所信服的、所崇拜的人身上能够得到多少人文性的因子。说句实话，几乎每一位教师都或多或少地保留了他所崇拜的教师的影子，这不是一种危险，反倒是一种进步。毕竟在模仿基础上，每个教师自身还是有其主观能动性和自觉选择性的，通过主动地建构人文精神，几年之后并没有形成风格一致的教师，并没有形成修养一致的教师。这正是人文修炼的特殊之处，比如《安娜·卡列尼娜》开篇那句名言"幸福的家庭都是一样的，不幸的家庭则各有各的不幸"，属于人文范畴的"幸福"概念纵使有着很多可以模仿的"幸福模板"，但在旁人看来总是有区别的。人文素养是可以模仿的，但差异也是存在的，不管如何申明风格的相异和教师修养的不同，他们都是在模仿基础上形成自己的教学风格的，即使他们模仿的对象可能完全一致，但模仿不是单纯意义上的"拷贝"，而是一种能动的反映与再创造。

教师如何看待他们的成功

几位新任教师在一起讨论他们心目中的优秀教师。

甲：我觉得李老师比较优秀，我应该像他这样教书，你看每一次考试他都比其他班级考得好。

乙：我还是比较喜欢王老师，你看他和蔼可亲，好像非常柔弱，但是他管理班级好像不用打骂，不怒而威，再说他们班的学生成绩也还可以，教师都说在他们班上课轻松。

丙：教书好，只是说明应试教育搞得好，你多管一点成绩就出来了。可是要成为一个优秀教师，正像新课程所倡导的那样，还需要不断地研究教学问题。我特别崇拜我们学校的徐老师，当然他的教学质量也不错，你看他的课多好。

大家好像都比较赞同丙的观点，但又坚持己见。

我们不需要评判这几位教师谁的观点更符合优秀教师的称号，但是从他们的言谈中可以看出每一位教师总是有其理想的未来模型，这个模型既是他的奋斗方向，也是他的模仿对象。不仅教学如此，人格魅力同样如此。一个有所作为而又有涵养的老师就是在不断地模仿与心灵建构过程中成就自己的教学风格和师德师风的。

精博

苏东坡有名言"博观而约取，厚积而薄发"，告诉我们读书应当讲求宏博而专精，这很好地说明了读书"精"与"博"的关系，断不可顾此失彼。然而这句话虽是针对读书而言，却同样是立身处世的至理名言。就教师人文素养而言，一个教师要形成良好的人文素养就必须具有宏博的人文知识，丰富的人文体验，如此才能产生精深的人文精神，会通的人文方法和积极的人文态度；相反，只有在人文态度、人文方法和人文精神的支持之下，教师才会更注重自己的学习，从而增强人文知识，提升人文体验。

人文虽是针对有关人性问题的讨论，但是对堕落人性的关心也是人文的研究范围，这就涉及到不同的个体对人文性质和人文程度的不同理解、判断与选择。那么，在他们进行人文判断和选择的时候就不得不面临着针对什么人文问题进行怎样的人文判断和人文选择的问题。即使不讨论性质不同的人文选择，也要面对不同程度的人文选择，这里就会出现是专精于一端还是宏博于多个方面的两难选择。幸亏这两者之间不是不可逾越的，他们完全可以在个人的人文素养结构中有机地统一起来。事实上，有着良好人文素养的人往往能够做到瑜亮互显，互相促进的；当然现实中也不乏独擅一点而不及其余的。这在很多学者、名师的人生经历中可以发现端倪，大多数回忆或研究名人轶事的文章其实就是从这个方面来吸引大家的，也许大家随手都能找到相关这类事例。

写作此书的时候，手头刚好有一本2012年第五期的《读书》杂志，里面有一篇文章叫《拗相公王安石》，讲王安石有思想上坚持己见、生活上任性不拘小节和性情古怪不顾政治交往规则等"三拗"，但是他又不是一个什么都不懂变通的人，在事关国计民生、做人品格、生活之道、治书为学方面还是颇能变通的人。这从人文素养角度来说，"拗"是精，知变通则说明了人文素养的博。这两者相互影响才成就了王安石的完整人格。当然，教师的人文素养也是一个处在变化与静止相互交替的过程中，也正是在这种交替过程才会不断地有人文素养的冲突，自我评价与发展，借鉴、交流与吸收提升。说实在的，我们不可能期望每一位教师都能成为完人，但至少应该有这样一种理想。换句话说，我们应当允许教师群体中存在着某一方面特别优异的专业教师，也允许各方面全面发展的教师。在我们的身边有一些"老好人"教师，做什么事好像都没有原则，只要是真正对学生有利的他就会去做，这些人我们可以称之为理想型人格的教师；也有一些对学生的什么要求都要怀疑，每临做事总要思考怎样才能真正对学生有利，我们可以称之为怀疑型人格的教师；还有一些则是任凭学生提出什么要求，教师总是一个字"拖"，按其对发展学生和影响事态的轻重缓急来决定处理事情的先后顺序，这种人可称之为迟滞型人格的教师……其实总结一下，我们身边总是有各种类型人格的教师。他们都是人文素养专精型的修炼模式，随着阅历的增加，处事能力的提高，他们的人格也会越来越圆润，越来越趋向完全，但是在现实性上我们不能求全责备，要求每一位教师一下子成为像那些优秀的教师一样，各方面素养全面发展。

因此，从身边不同教师的人生发展历程可以看出，我们应该认识自己在哪些方面具有人文优势，然而在自己略强的地方进行不断地提升，在自己薄弱的环节加强学习，从而能够比较快地实现自我人文素养的完善。当然也有人说，应该先从各方面了解人文素养，通过内修外引，从而精博互动，走向完美。这两种方式其实是无所谓先后的，只要找到教师适合自己人文素养提升的道路，那都是有异曲同工之妙的。

批判 /

作为人文素养的批判不是怀疑一切，而是有选择的怀疑，是一种发展性的怀疑。其实我们不希求每一位教师都"疑神疑鬼"地生活，但同样也不希望大家只是单纯地活着，从来都不思考自己的生活。有着较高人文素养的人往往能够把握人生，能够把握人生的人往往对自己的生活有所思考而不安于现实的平庸，对生活有所思考其实就是要求对人生有着批判的态度。教师作为人类灵魂的工程师，首先应该对自己的灵魂有所设计，然后才能设计其他人；也正是在设计自己灵魂的过程中，不断发展着自己驾驭灵魂的设计能力。

作为教师在对待教学工作时要始终对自己是否尊重学生，怎样有效地尊重学生和怎样更好地发展学生抱有批判的态度。新课程理念之所以讲求反思，就是说教学或者德育工作任务表面上的完成并不意味着教师工作的真正完成，其实这恰恰才是批判的开始，只有对教学工作保持谦逊的态度，不放弃每一次新的尝试，思考另外选择的边际可能，才能对自己有更进一步的提高。当然，真要能够做到这样是非常困难的，这就是为什么从大的说能够做到"吾日三省吾身"的人是圣人，从小的说能够做到经常写反思三年的人是名师的缘由。

作为教师在对待自己人生的时候就是要思考自己的人生怎样发展才是有质量的人生，怎样让自己的生活更符合人文性而不是一边大骂物欲横流的社会，一边又缺少对自我的反省且与之同流合污。教师原本就不是圣人，但也不是芸芸众生的普通人，他们越是对自己的人生有所谋划，就越能够使自己的人生有人文底蕴，也越能够把这种良好的品性感染给下一代。这是教育的功劳，也是教师的魅力所在。带着思索生活，运用批判精神看待人生，追求完美的职业生涯，这是教师的理想目标。

这是正确的教学选择吗？

乐乐是一个三周岁半的孩子，今年上半年刚刚进入幼儿园小小班，对幼儿园生活充满着好奇，也特别兴奋。对里面的什么东西都喜欢去摸一摸，碰一碰，当然也包括他的同学。他不能独自完成吃饭，又不太爱睡觉总是爱吵闹，但他特有礼貌，也愿意帮助老师做事情，看到大人们在做事也要学着去做，更加有意思的是做他认为能够完成的事情就不需要别人帮忙，尽管这得花费比别人多得多的时间。

乐乐这样的孩子由于经常影响到其他同学的午睡，扰乱课堂秩序。于是教师想了一个办法，把他的床位从幼儿睡眠房子的一头搬到另一头，远离大家的地方，这样即使他想吵也不会影响到其他孩子了。那一天，我们在幼儿园门口听到乐乐家长在说这件事。非常令人伤感的是，就在这个时候乐乐说了一句也许不该由他这个年龄的孩子能够说出的话："妈妈，我要跟大家一起睡。"

在这一案例中站在教师的角度我们可以猜测这样做的目的是为了不影响大家的休息，同时也是为了能够让自己有一个清静的午后。但是把孩子孤立起来，对孩子会有什么影响呢？这个时候就是教师需要批判自己，怀疑教学的时候了。幼儿园生活是影响孩子一生发展的教育阶段，正像经常听到影响诺贝尔奖获得者一生的是他幼儿时期养成的品性，正像浙江大学郑强先生的讲话，我们教育的问题从幼儿园时期就已经开始了。是啊！越是看似简单的地方越需要批判地对待，既然成功的因子已经埋在幼儿园教育活动中，同样失败的因子也埋伏在了里面。可以想象，一个这么小的孩子，具有好动、不吃饭、爱吵闹的特点这是非常正常的，而且是这个年龄幼儿正常的心理反映，但老师采用了孤立的方式是否是人性的选择？更简单一步说，是不是唯一的教学选择呢？作为幼儿教师自己或者作为这一教育的旁观者，当如何批判这一行为或现象呢？

教师人文素养的过程修炼不是单独地修炼方式，不管是坚持、模仿还是精博和批判，都不过是修炼过程中必须具备的品质而已，也就是说过程性修炼方式必须依托内部修炼和外部修炼这两种方式，但又是教师人文素养修炼中不可缺少的部分。所以说，要提高教师人文素养必须把过程修炼也作为其中十分重要的修炼方式来抓。

　　教师在努力发展自己人文素养的时候，强调内引外联，通过内部修炼和外部影响，更进一步发展坚持、模仿、精博和批判等过程性修炼品质，这是教师人文素养修炼的整个系统方法。

／ 后 记

当终于把本书最后一个字打进电脑的时候，看到一篇丰子恺的小文章，在该文中他评点吴昌硕的字，说他每个字怎么看怎么难看，但是一当把它们合成一起组成一篇文章的时候，情况竟然发生大变。当时不禁想到，世界万事实皆因此理。其实教师人文素养也是一个较大的课题，如果用宏大的笔法去写的话，反倒难以表达其中的精彩，也容易写成诘屈聱牙的深奥著作，令读者望而却步；但如果从细节去勾勒，倒是能够克服一些文笔方面的拙笨，如果能够把这些细节组织得当，同样可以达到精妙。其实，我们也希望得到教育工作者们最人文的支持。

当我们接手"教师的人文素养"这一主题的时候，还是心有惴惴的。真的应该感谢出版社对我们如此信任，现在看来我们当时真的是无知者无畏了。有关这一主题，前人已经有类似的编著，即使现在还能不断地看到相关论作的诞生，然而我们还得继续这个主题，把前人做过的事情做得更进一步，这是我们的工作，也正是人类前行的必然规律。其实在没有写作这个主题之前，我们已经有过相关的研究，正如写一篇论文固然辛苦，但写一本书则更见功夫。站在现在这样一个终于可以喘口气的时间点上，忽然体会到古人的那种感觉，"从前种种譬如昨日死，从后种种譬如今日生"。经过这番努力跋涉，我们自己的人文素养也好像重新经历了一次精神的洗礼。

我们自己也是教师，只不过处于不同的教学岗位而已，不管怎样道理还是相通的，尤其是作为人文现象与规律对每一个人来说都存在着共通性。其实有时候想想，作为教师在学校里工作，他就应该是文化的生产者而不是利益的生产者，教导学生成为文化的消费者而不是简单物质的消费者。古人说"形而上者谓之道，形而下者谓之器"，从人文素养的角度来说，教师的一生应该是有追求的一生，而不是庸庸碌碌的一生，所谓"生不过百年，常怀千岁忧"。这就要求大家有一双饱含人文的眼，去做充满人文的事。之所以人世间充满着丑恶假，不是因为世界真的这么坏，而是人类自身怎么去看待这个世界的问题。按照最一般的道理，当我们如果用末日心态去回望这个世界，它将是怎样的美丽。有一位日本作家曾经说到人世间最美丽的事莫过于"临终之眼的美丽"，可以设想当世界只剩下最后一眼的时候，还有什么是不美丽的呢？假如上天只给你三天光明的话，你又将如何去把握这三天呢？所有对这一些问题的严肃思考，恰恰深入到了人文的真谛。

教师有"传道授业解惑"之职责，其中"传道"是第一位的，如果平时不能对此有着深刻的认知，而只是简单地"授业解惑"，那么无疑是本末倒置了。我们在教育教学中总强调要培养学生做人的道理，如果做人的道理没有养成，即使学再多的知识也是枉然，可是一到教学实践中仿佛学习的知识就代替了做人的道理。教师们也慢慢地习惯了目前这种"异化"的生活，他们从来都不关心事情为什么就这样悄悄地起变化了呢？我们写作此书正是本着解决这些现实困惑的目的。由于作者水平有限，书中不免存在一些瑕疵，真心希望得到更多行家里手的批评指正。

本书由何海翔和章亮合作完成，何海翔拟定写作大纲，除绪论外凡七章，章亮完成其中的绪论，第一、四、五、六、七章，何海翔完成其中的第二、三章并对全书进行了最终统稿。最后诚挚地感谢一切支持本书及与本书有关主题发展的人，也感谢一切有机会翻看本书的读者。

作者敬缄

2012年7月